作为一个并没有多么励志的傻瓜，**坚持**，是我唯一想要分享的宝藏。

坚持相信世界是美好的，坚持去爱每一束光、每一颗星辰，坚持对你所笃信的人坦诚心扉，坚持在你所选择的道路上不回头地走下去，坚持相信坚持的意义！

成长的碎片

大人们都说我小时候长得像爸爸，长大后像妈妈，看到这张照片我信了▶

◀那年很流行“大明星照相馆”，一百块钱十张

“小山”两个月的时候，在沙发上跑两个来回就累了，而现在我已经不知道他什么时候会累▶

成长的碎片

◀那年我去纽约，正在旧金山读研的郭祎特地飞了五个小时来看我

在曲晶婚礼的照片树上，大家都摘回了自己手机里没有的照片▶

▼每一年，我们寝室这六个人都会以同样的站位拍一张合影，这一张是 2014 年

那个时候，我们主打的品牌还是“Rainbow 戏剧”►

◄《李雷和韩梅梅》巡演在温州大剧院，那晚谢幕时观众的求婚沸腾了全场

◄初中时每天面对课本上的“李雷”和“韩梅梅”，没人知道多年后，他们会在我的人生轨迹上扮演着那么重要的角色

在剧场的日子

◀《后青春期的诗》大连新闻发布会（左起：汪鹏飞、佟蒙、王闯）

◀《台北上午零时》携手凤凰娱乐在国家大剧院举办“公演礼”

◀《台北上午零时》宣传期间，在北京电影学院举办的“吴念真 X 徐皓峰 X 史航”对谈活动

◀《蝴蝶公主》不仅是我们第一次制作的文旅演出，更是现场彩排时间最长的一个

◀哥哥逝世十周年的那天，“张国荣经典音乐视听演奏会”，是我送给他的礼物

◀《阿姨》以后时隔六年再次回到母校剧场演出，尽管画质不佳，却太眷恋那天首演前的天色

▲舞台剧《滚蛋吧肿瘤君》亮相在第五届国际戏剧学院奖红毯并最终获得“优秀剧目奖”（左起：汪鹏飞、蒋小涵、编剧于实、导演杨硕、演员王匡）

▲舞台剧《滚蛋吧肿瘤君》新闻发布会

◀谢幕的时候，尽管我并不在台上，却一样觉得一切辛苦都是值得

◀音乐舞台剧《栀子花开 NEVERLAND》新闻发布会

▼每次演出结束的合影，是不可或缺的纪念方式

▲每一张海报，背后都被赋予了太多记忆

温州大剧院座无虚席▲

▲ 2014 年，才终于第一次拿奖

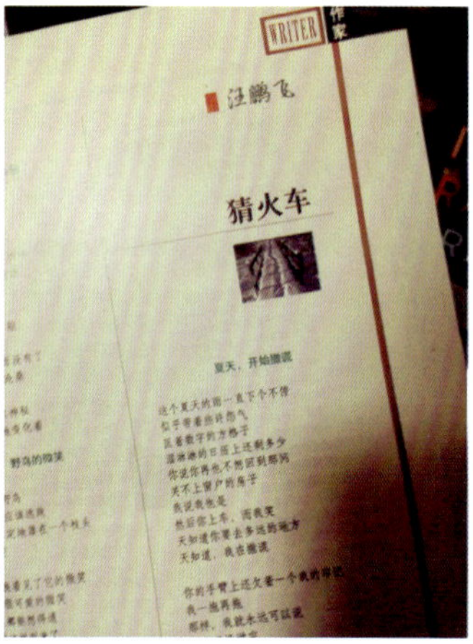

诗歌《夏天，开始撒谎》等刊登于 2005 年《作家》杂志▶

▲ 2014 年，世纪华鹏荣获上海国际艺术节“最具投资潜力奖”，我们四个都没白忙活（左起：田晓威、曲晶、任梦媛、汪鹏飞）

◀ 2017 年受邀到“一刻 TALKS”做分享演讲

采访也是一门熟能生巧的学问▶

▲可以拿到康永哥《给未知恋人的爱情短信》戏剧授权，是我那半年多最大的心愿

▲世纪华鹏 2017“吉时已到，大有可为”战略发布会

◀与敬仰已久的亚宁第一张合照（左起：李彦达、爱奇艺影业总裁亚宁、汪鹏飞）

◀ 2017 年，世纪华鹏和我，在纽约时代广场的 LED 屏上

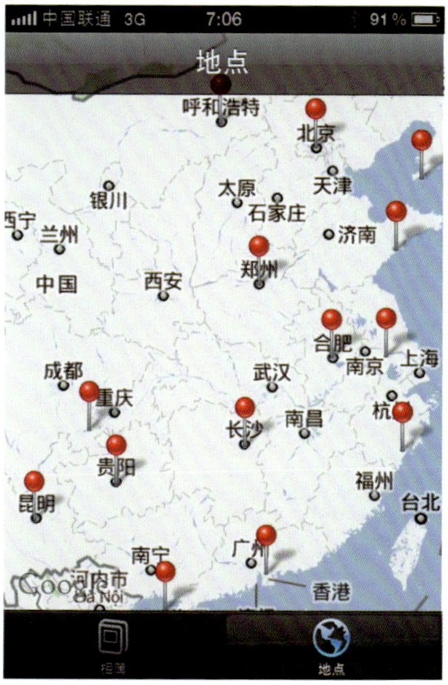

▲地图上每多一个红点，就意味着我们又结束了一站巡演

▲去马尔代夫给伊扬拍 MV 那次，所有幕后人员都成为了客串演员

▲在大连某剧场的后台（拍摄者曲晶）

在西双版纳，后台就是大家的临时办公室

在路上的时间才终于难得可以休息片刻，当时的我想对吴念真导演说：换了我，也会累

《台北上午零时》装台的时候，总要建出这样一个二层楼

◀ 2012 年，第一个内地以外的旅行目的地是香港

◀ 2013 年，纽约大都会博物馆

连续去了四年的普陀山▶

◀2016 年，英国湖区的宁静

◀在 2015 年之前，这个吉林人还从未到过长白山，也从未滑过雪

▲这双在首尔拍下的翅膀，成为我使用了很久的微博头像

坚持到底的人命总不会太差

汪鹏飞——著

中国国际广播出版社

图书在版编目（CIP）数据

坚持到底的人，命总不会太差 / 汪鹏飞著 . —北京：中国国际广播出版社，2017.8

ISBN 978-7-5078-4057-5

Ⅰ . ①坚…　Ⅱ . ①汪…　Ⅲ . ①汪鹏飞—自传　Ⅳ . ① K825.78

中国版本图书馆 CIP 数据核字（2017）第 177123 号

坚持到底的人，命总不会太差

著　　者	汪鹏飞
责任编辑	郭　广
装帧设计	中北传媒
责任校对	有　森
出版发行	中国国际广播出版社［010-83139469 010-83139489（传真）］
社　　址	北京市西城区天宁寺前街 2 号北院 A 座一层 邮编：100055
网　　址	www.chirp.com.cn
经　　销	新华书店
印　　刷	北京市金星印务有限公司
开　　本	710×1000　1/16
字　　数	207 千字
印　　张	15.25
版　　次	2018 年 1 月　北京第 1 版
印　　次	2018 年 1 月　第 1 次印刷
定　　价	39.80 元

CRI 中国国际广播出版社　欢迎关注本社新浪官方微博　官方网站 www.chirp.cn

目录
Contents

人物篇

行业篇

附：朋友眼中的我

文艺创业青年汪鹏飞的后花园

王锋（《智族 GQ》主编）

从前，有一个开罗人做了一个梦，在梦里有人对他说：“你的好运在波斯的伊斯法罕，去找吧。”这个人便信以为真，踏上了漫长的旅途。经过沙漠、海洋，遇到猛兽、强盗等种种磨难之后，他终于到达了伊斯法罕。不料，伊斯法罕的巡逻队把这位不速之客当成了一起抢劫案的主犯，把他捉拿了回去。面对严刑拷打，开罗人如实交代了自己的来历，连自己做的那个梦也和盘托出。

巡逻队长听后哈哈大笑，说：“你这个傻瓜啊，居然相信一个梦。我曾经三次梦见开罗城的一所房子，房子后面有个日晷，日晷后面有棵无花果树，无花果树后面有个喷泉，喷泉底下埋着宝藏。但我根本不相信这个胡乱的梦。给你几个钱，你快回去吧。”

开罗人拿了钱，回到了自己的国家。他想起巡逻队长梦到的那个地方，感到似曾相识。于是，他在自家房子后面的日晷后面的无花果树后面的喷泉底下，挖出了真正的宝藏。

这个故事曾被讲过无数遍，它是博尔赫斯的《双梦记》，是保罗·柯艾略的《牧羊少年奇幻之旅》，还是《一千零一夜》里第 351 夜的故事。

这个故事的解读也有很多，我印象深刻的只有两点。第一，你必须经历千山万水；第二，你只能在自己身上找到真正的宝藏。

创业就是千山万水，一个文艺青年的创业可能更是。尽管在今天，“创业”这个词已经被妖魔化，涂抹了太多的浮夸、矫情、英雄主义，但其中的艰辛和所得，非亲历不能详解，日暮穷途，倒悬之危，是它对一个人的刻骨历练。

选择受众甚少的舞台剧作为创业项目，无疑会在这千山万水之中再埋下很多陷阱和包袱，汪鹏飞的这本新书，记录了作为一名“舞台剧制作人”的历历往事。幸运的是，他一步步走到今天，《李雷和韩梅梅》《台北上午零时》《栀子花开》，打造出了好几个在国内舞台剧市场上留下痕迹的剧目。

阅读书中与创业有关的文章，你会感到成功所来非虚。作者的逻辑清楚，观点明确，一路得失，都有清醒认知。欢喜做、甘愿受，文艺创业者汪鹏飞做到了这一点。

书里的另一部分，描述了作者和他人的交往：有少年时酩酊大醉的朋友，创业路上结识的伙伴，帮助自己的师长前辈……与讲述创业的文字不同的是，这些写人写情的文字呈现出了另外一种相貌，不那么清晰，不那么决然，能明显感觉到隐匿其中的含糊、纠结和困顿。

年少气盛，血气方刚，30 岁以前的人做起事来元气丰沛，一往无前。可度过这个阶段，真正的自我开始摆在面前，如何应对，如何安放自己对世界的认知和情感，这是文艺创业青年汪鹏飞的新课题。

总会遇到很多人，经历很多事，这是另一种形式的千山万水。人们本能地留恋亲密而激烈的关系，似乎唯有如此才能对自己的存在做出确证，可任何关系的存续都不只凭借你的意愿和意志，它来自你与世界产生的合力，那是一股神秘的力量。

好运不在伊斯法罕，在你自己身上，祝福每一个经历千山万水的人，都能找到它！

自序

关于这样一本书，并不是由来已久的计划。

我并不是善于写书的人，虽然曾经幻想可以在大学毕业的时候出版一本诗集。

从一本散文集或者励志文学的角度来说，我的文笔应该并不达标。高中的时候赶时髦，抱着一点点不自知的虚荣心给当年最流行的“新概念作文大赛”投过两次稿，结果都石沉大海。后来唯一一次登上《萌芽》，还是靠一首不到两百字的小诗。诗歌在当年曾让我获得了前所未有的安全感，也获得了前所未有的一点点校园中的瞩目，对于一个从小就有些自卑和孤僻的高中生来说，这是难得的鼓励，诗歌让我找到了人生的出口。高中的时候写了很多诗，也拿了一些奖，按照当时的计划应该在大学毕业的时候出版诗集，但就是这样一种我和文字之间唯一沟通的方式，也在上了大学以后中断。再后来，我发现自己的文字表达能力已经大不如前，这是我在翻阅多年前的博客时常常感慨的。

同时，我也并不是一个多么“有故事的人”，尤其是人生的前 20 年，翻遍小时候的记忆，在整个成长过程中，我没做过任何一件出格的事。多数时光是有点孤僻的，更多的时光则是在顺从，顺从父母、顺从学校、顺从老师，甚至在学校的行为习惯，也是先看别人会怎么做，我从来都不会是冲在最前面的那个人。

小的时候大家很流行给自己“找”一个幸运数字、幸运星、幸运色什么的，我选择的数字是“2”。除了出生在2月2日、从小在2班、学号常常跟2相关这些幼稚的理由，更多的原因，是在我小时候的意识里面，做第二名比较安全。第二名不用像第一名那么惶恐被别人抢了位置，不用被所有人寄予最厚重的期望。我也不会介意“2”这个数字听起来太蠢，因为从小我就知道，我不是聪明的那一类。傻傻的，保留简单的心智，没准还能被人误以为是大智若愚，也挺好。

小学到初中，初中到高中，就这样在安全的范围里成长。在我成年之前，除了频率特别高、种类特别多的生病经历，好像没有什么可以特别值得跟人分享的故事。我甚至没有什么狂热和偏执的喜好。那些年里，我就是一个悄悄地躲在角落的成绩没有很好也没有很差的孩子。

所以，写这本书对我自己来说其实很突然，原因是，30岁来得太突然。

在我曾经天真的幻想里面，30岁的时候应该功成名就。毕竟张爱玲曾说，出名要趁早。可是当30岁悄无声息降临的时候，我才发现自己依旧在缓慢前行。尽管很多人把我说成创业励志的榜样，但只有我自己知道，无论是一路的跌宕，还是眼前的处境，我其实只是一个并没有那么励志的傻瓜。

写这本书更多的目的，是为了记录和分享。

近十年来，我经历了创业过程中的种种痛苦、纠结、坚持、茫然，在每一次“死撑”过去以后，都会看到更远的远方。回头看，那些“死撑”的意义，是我想说给每一个人的。

坚持到底的人，命总不会太差。

那些足够多的积累和过程中的勇气，那些顽强和付出，总会有人看到，而那些人，会在你的未来最黑暗的那一刻，伸出手拉你一把。痛苦也好，跌倒也罢，所有的经历总有一天会连成阶梯，你可以通过它们，走向一个小小的奇迹。

如果说这本书是一张自己在30岁时交出的人生的期中考试答卷，我会把“坚持”二字，用力地写在卷头。

作为一个并没有多么励志的傻瓜，坚持，是我唯一想要分享的宝藏。

坚持相信世界是美好的，坚持去爱每一束光、每一颗星辰，坚持对你所笃信的人坦诚心扉，坚持在你所选择的道路上不回头地走下去，坚持相信坚持的意义。

如果你也觉得自己在川流不息的人潮当中，只是一个并不被命运垂青的傻瓜，没有盖世奇才，没有显赫家世，没有倾世容貌，那么傻瓜，你有什么理由不坚持？

2016年元月于北京

逐梦篇

感谢爸爸妈妈，当我发现原来世界上有个专业叫“戏剧影视文学”，可以把我最喜欢的“影视”和“文学”联结在一起，我跟他们说，我想考中戏的戏剧影视文学……

教室后方的石英表

那上面曾停留过无数双

青春的、带着急切期盼的眼睛

十七岁，我终于开始知道世界的样子

那一年，最流行的高中生男装品牌是杰克琼斯，最流行的歌是《当你孤单你会想起谁》，最时尚的社交网络是QQ空间。那一年，我17岁；那一年，我什么都不会；那一年，我留着学校不允许的过眉刘海。那一年，是2004年。

感谢爸爸妈妈，当我发现原来世界上有个专业叫“戏剧影视文学”，可以把我最喜欢的“影视”和“文学”联结在一起，我跟他们说，我想考中戏的戏剧影视文学，他们就开始拼了命帮我找老师上课。只是，我当时把“戏剧”直接忽略掉了，因为还不知道什么是戏剧。我当时以为，别人说我会写诗，就应该挺适合搞“文学”。爸爸妈妈并没有追究这些。

后来听过很多艺术生是如何与父母抗争才得以冲破传统“学好数理化”的束缚，我才知道自己有多幸运。虽然祖辈家里没一个人跟文艺有丝毫关联，虽然可能那时候他们对“戏剧影视文学”的理解也只是简单的停留于“做编剧”，但就因为我执拗的兴趣所在，所以他们就愿意跟我一起，义无反顾。

2004年11月初，爸爸把我送到干爹家里学习专业课。那年我读高二，没意识地、决绝地断了其他后路。干爹本来叫“Y老师”，2004年夏天的时候，爸爸带我到北京找 Y 老师。在饭桌上，Y 老师讲了篇学生的文章，不仅把自己讲哭了，还把爸爸讲哭了。回去以后，Y 老师会定期留散文题目让我写，每次跟他打电话汇报写作情况之前，我都要播放班得瑞的 CD，那是当时唯一缓解极度紧张情绪的方式。后来，Y 老师说，要开始住在他那里学习了，就叫干爹吧，他已经有 100 多个干儿子了。除了称呼不同，其他都很像是有仪式感的拜师学艺，从此，“师傅领进门，修行在个人”。

之所以说更像是学艺，而不是学习，是因为学的不仅仅跟专业有关，也包括生活上的一切、面对这个社会的一切。而学艺，有点江湖气，更符合当时的日子。

干爹家里很小，但当时不觉得，当时觉得，北京的每一间房都很大。住进去的那天，家里除了他，还有小舅和另一个学生 L。那天晚上十点，干爹看完我的文章，就让我和 L 下楼，去隔壁医院的门诊楼，从一楼到四楼全部走一遍，回来把整个空间写出来。“你的文章里，空间感太差，你们这些孩子都一样。”他一边给狗洗澡一边说。

我和 L 在那个冬夜往返隔壁医院的路上，开始了“亦敌亦友”的关系，这关系里的前面两个字，是我后来才察觉出来的。知道 L 是山东东营人时，我很兴奋，因为从小我就知道，爷爷奶奶姥姥姥爷都是闯关东来东北的，所以我的户口本上也写着“籍贯山东郯城”，而 L 是我在那个年纪，身边真正认识的人当中，极少数的几个山东人。“老乡”，如获至宝。那时候还不知道，将来还会遇见数不尽的山东“老乡”。

在干爹家那半年的时间，让我开始知道世界的样子。

一个独生子，突然被扔到一个陌生的群居环境，不仅仅是提前进入类似大学的生活那么简单，这里更像是个小社会，比大学生活更像。

我认识了很多来自四面八方的同龄人，都是为考中戏而来。有像我和 L 这样常年住在干爹家的，也有“走读”的，还有住在干爹在附近租的小“学生宿舍”里面的。当然，也有出现了一两次就再没见过的。形形色色、各式各样的人，有考表演系的，有考戏文系的，有考管理系的；有考本科的，有考大专的，有考成人教育的。后来，有的人如愿考上中戏，有的人多用了一两年才考上，还有的人落榜后放弃了这条路。但是在考上的这些人里面，后来也都有着各异的人生：有人虽然当时学的是表演，毕业后就回老家嫁了人，再没音信；有人表演系毕业后一直干着编剧或者制片的工作；也有人至今仍在每天跑组，演着一些在主流荧屏上看不到的戏。有人本科毕业后去了美国留学，有人戏文系毕业后在编剧的路上越走越好，有人进了国企却因为偷鸡摸狗而被抓进了局子，也有人成绩优异毕业后留校为人师表。还有人，就在前几天，我们重新有了联络，因为意外地发现他正就职于我合作的一家影视公司。

干爹家就像《茶馆》中的裕泰茶馆，像《天下第一楼》里的福聚德，就是传统戏剧里面经常用于贯穿的主场景，那种各种类型的人都会在这里汇集的地方。很多人出现，很多人离开，他们有着不同的命运，也有很多故事彼此汇集。而这个主场景的主人翁，当然自己也经历着人生变迁。

光是我，就曾跟着干爹从后街书店身后的家属楼，搬到市中心教堂附近的红色小楼，再到东二环边上的公寓；从只有我和L两个人，到门对门两套房子里面的十几个人，再到复读的时候，看到下一届学生经历着跟我们曾经相似的过程；从第一次命题编讲故事，到坐在中戏专业课考试的考场上，到落榜，再到经历煎熬的一年复读后重回故地。在干爹家所经历的，应该是我在20岁之前，最具颠覆性的时光。

喝酒，是除了专业课学习以外，一项重要的具有轨迹性的生活元素。我想从这里讲起，因为这要比我告诉大家我是如何憋散文、编故事，如何一遍一遍地看《公民肖恩》和写影评更有趣。

在去干爹家之前，我真正的喝酒经历应该只有一次，就是即将去北京之前，跟高中最好的几个朋友。也不知道是短暂的告别，还是长久的、在人生方向上的告别，当时高二的几个孩子也许不会想那么多，只是觉得有种难以名状的感伤。本以为高三毕业才各奔东西，可是我却要提前离线。现在回想，那顿酒的伤感是对的，因为的确，从那以后，大家就踏上了不同的人生方向，有的人，到现在已经没有交集。在那种少年初次面对别离的伤感情绪里，我经历了人生的第一次“酒醉”。那感觉很棒。我可以把平常不好意思讲的话讲出来，我可以说，我未来会多想你们，我可以说，我们几十年以后能不能住在一起，在海边的一所大房子里。当然，还可以大家抱头痛哭，眼泪横流。这是很多人的年少记忆里，关于酒醉，不可避免的画面。多数人年少时酒醉而泣，有时候后来知道在哭什么，但更多时候，后来回想，根本不知缘由。无论如何，那次要赴京开始陌生人生之前的酒醉，让我第一次有了心灵上的释放，经过了整整十年应试教育的压抑，每天定时的起居、必须做完的试卷、考不完的试，那样的一次释放，太美好了。可以暂时忘了束缚，暂时不用管明天几点起床，可以大声歌唱。李安在《喜宴》里面说喜酒习俗是“五千年性压抑的结果”，而我们当时的场景，绝对就是“中国青少年普遍性应试压抑的写照”。

也许是因为人生第一次酒醉是次还不错的体验，所以在后面的十几年里面，尽管酒量并不好，但对于喝酒这件事情，我一直偏爱有加。

这跟在干爹家的经历也息息相关。就在去写“医院空间感”的第二天，我和 L 还有小舅去旁边的烤肉店吃午饭，我第一次亲眼看到，原来有人是习惯中午吃饭就喝酒的！小舅叫了一瓶啤酒，L 作为豪爽的山东大汉当然作陪，而我，自然也是不能给东北爷们儿丢脸，更不能让人家觉得刚来就不合群。两瓶啤酒下肚，我和 L 继续回去憋散文、看剧本，却并没得到“李白斗酒诗百篇”一般的灵感。那一次出人意料的“下马威”，让我暗暗有些预感，接下来的几个月，貌似不仅仅是学习那么简单。

跟后来大学甚至社会的生态一样，虽然我们身负着“考中戏”这一最大使命，但是不可能全部时间都在学习中度过。而除了学习，其他时间则让我开始慢慢知道，“社交”是咋回事。在 17 岁以前，这个词距离内向甚至稍有些孤僻的我，遥不可及。但在这里，你别无选择。除了学生和学生之间，更多的是跟同学的家长之间。在那样的一个特殊阶段，考生家长往往处在一个更极致的状态当中。而我和 L 这样的主力男生（来得早的），由于常常陪干爹去跟学生家长吃饭，就顺理成章地成了那一年所有学生和家长的“社交核心”。

既然成为社交核心，我的专业课也好像顺其自然地成为备受关注的焦点，尤其，干爹已经跟所有学生和家长都无数次夸耀，我是个入选过“中国年度最佳诗歌”的少年文人。这个帽子实在有些重，可我从小爱面子，别人能对付，我可不敢。愈发努力的结果是，迄今为止在戏剧文学上的基础，多半都来自于那半年的自我逼迫。

2004 年还不流行用电脑写文章，我们这些学生没有人有笔记本电脑，连手机都是刚刚进入到彩屏时代。叙事性散文、命题短故事、剧评影评，每天至少几千字都要手写，由于无法 CTRL+C，所以每次略有微调，就要从头再来，半年下来有几大厚本。我一直想再找来看看，因为现在早就忘光了当时写过什么，但那些痛苦得像挤牛奶一样的写作过程却历历在目。尤其要“编故事”的时候，这种挤牛奶带来的苦痛最甚。一个 17 岁的孩子，哪有那么多故事可编，我们甚至都还不知道世界的样子。但是必须要“符合起承转合、突出人物个性、有让人记忆深刻的细节刻画、结局最好在意料之外又在情理之中”。每天都要带着所有这些必备条件，挖空脑袋去“瞎编”。在那个年纪，让你写十篇叙事性散文，可能还能做到有感而发、从生活而来，但是写到三十篇以上的时候，脑汁和生活阅历都已经被榨干，只能“瞎编”。有点印象的是在后期，要写一篇《在火车上》，我当时心里已经在国骂。这故事要发生在有限的时间、固定场景、固定的人物身上，这不是传说中的“三一律”吗……还要起承转合完整、有动人细节、有意料外的结局，我觉得我要是能写出来，就可以直接去北京人艺了。结果当然是生编胡诌。那两三天的时间里面，设想、胡编了各种我可能在火车上遇到什么人，可能会有什么误会，然后如何和解，在最后如何让彼此的人生得到升华。干爹家楼下，门口有个像乒乓球案大小的石台，有点像初高中操场的领操台。想故事想不出来的时候，那里就是我们唯一散心的地方。果然，那篇《在火车上》最终没能成为让我记住的故事，更别说让其他人记住了。可是直到现在，每每在旅途中，我还是特别留心地观察每一个可能发生故事的角落。或许这就是后来老师叮嘱的"观察生活"。

2005 年 2 月 2 日，我的 18 岁成人礼。临近春节，即将迎来节后的专业考试，我们对于在干爹家的日子刚刚全然适应，就又要迎来尾声。生日那天在一个"朋友的朋友"开的酒吧，跟之前的美好微醺不同，那次是酩酊大醉，吐到第二天眼镜都找不到。

那又是一次离别。那些曾出现在青春里，后来又消失不见的少年伙伴们。那时候我们有一样的梦想，后来，梦想都不同了，也就不再同路了。

清晰地记得，那年的春节，有少数几个学生没有回家，我是其中一个，马上要考试，不再折腾。那是在干爹家过的唯一一个除夕，我在发烧，父母不知道，我没敢告诉他们。其他人都去聚餐了，只有一个同学陪我挂水，她叫孙娇。

孙娇后来读了 2005 级表演系大专。多年后，再跟孙娇重新联络，是 2010 年以后，我们都已毕业，提到曾经一起在干爹家的那段日子，她说，她一直记得我说的一句话。她问我说："到底什么是商业片，什么是文艺片啊？"我不经意地回答："你看得懂就是商业片，看不懂的就是文艺片。"她说当时这句话深深地刺激到她，以至于后来一直在读书，做幕后。就是我完全不记得的这句话，在当时的她看来，从一个被小群体认为专业最好的文艺青年口中说出，暗含着对她这样一个从小学舞蹈出身的表演系考生的深深的蔑视。尽管当时我们已经是非常非常交心的朋友。

当时的很多体验，很多人，很多事，或许因为太年轻，所以都格外刻骨铭心。对我来说也一样，像是曾经只出现过一两次的黑龙江女孩儿，她跟我讲她的北漂故事，还有她为什么要去抽脂，我当时一边觉得辛酸，一边目瞪口呆；又像是在我们常常半夜散步的街边教堂前的广场，一个洛阳的男孩儿跟我说，他曾经在老家唱反串，他在不到 20 岁的时候就尝尽很多屈辱。他一边说，一边流下眼泪，表情却很坚毅。后来李玉刚成名的时候，有很多非议，但我在心里却是拥护的，好像他就是我多年前认识的那个来自洛阳的男孩儿，至少，他们或许有着类似的艰辛过往。

那一年，我在戏剧文学的专业课考试中落榜。由于我只报了中戏一个学校，戏剧文学一个专业，所以我的确早就想好，考不上，就复读。

复读的那一年，我剪了短发，在长春换了好几所陌生的学校。身边的世界安静下来，朋友都去读大学了，没什么人认识我。那一年，我希望没有人记得我。第二年再考的时候，我没有再报考戏剧文学专业，不知道为什么，我不想再编故事了。

感谢干爹，感谢那段日子。那些有点油腻的辣白菜炒肉，那个从宽街顶着冷风走到崇文门去唱歌的圣诞夜，那些望子成龙的家长们，那些现在不会再想起，却在我后来的戏剧路上起到启蒙作用的故事、散文和影评。它们让我在 18 岁来到之前，经历了一次疯狂成长。

干爹常说，做人，不能太真，也不能太假。

这前半句，我至今还没有学会。这或许，是我在那次疯狂成长中，唯独没有及格的科目。

中戏给予我的，比想象中更多

新生报到

经历了从 2004 年开始学习专业课，每一日在对中戏的向往中度过，紧接着 2005 年落榜后，复读中整整一年忐忑的等待，到 2006 年夏末，当我终于以一名正式学生的身份走入中戏的时候，觉得自己跟这里好像已经是老朋友了。或许是这一幕，已经在憧憬中出现了太多次。

新生报到的那一天，棉花胡同迎来一年中最热闹的日子，二三百名学生以及送他们的家长，从五湖四海而来，手上拎着包裹行李，阳光格外热忱地打在他们的脸上。整条胡同、整个校园熙熙攘攘，像是多数青春电影中表现的大学入学场景一样，每一帧画面都满载着希望。好像所有人的人生，在这一天迎来了一个新生儿呱呱坠地，从此，一切都是新的开始。

而我们呢，也终于摆脱了十几年应试教育的枷锁，步入到不知道期待了多久、总算可以不用每天苦战题海的大学生活。加之对于当时的我们来说，“中戏”

是个自带光环的殿堂，每个人都怀揣着即将成为大明星、大导演、著名编剧、艺术家、大制片人的梦想而来，眼里放着光，走路带着风。那一天的所有人，不管脸上写着什么表情，心里面应该都是笑的。

中戏校园是出名的小，据说是全国占地面积最小的大学，从进大门，到把那五六栋楼走完，脚程快的人应该用不到五分钟。尽管小，正门也一样要分两个门，一个是通往操场的大门，另一个是“礼仪门”，两个都在校园南侧，相隔只有一栋楼的距离。礼仪门并不是随时都开放，所以顾名思义，它的更主要用途是体现“皇家级”艺术学院的庄严感，主要供人拍照。学生通常从通往操场的大门进入，经过左手边的连接着实验剧场的会议厅和服装室后，站在只有六个篮球架的小操场上，向北看是宿舍楼，向西看是实验剧场的背面，向南看是图书馆，向东看则是唯一能继续走的方向——小花园、旗杆和办公楼的侧面。办公楼侧面的墙上，在一墙郁郁葱葱的爬山虎包围下，高挂着竖排体、分为两竖行的六个大字——国立戏剧学院，这六个字是 20 世纪 40 年代毛主席所题，夜幕降临的时候它们被淡紫色的灯光打亮，和旁边的爬山虎一起，成为很多人相机中的定格。小操场北侧的宿舍楼，只有四层高，宿舍楼的一层，男生女生宿舍都有，二层为男生宿舍，三层四层为女生宿舍，宿舍楼没有阳台，看不到像其他大学里那样随风摇曳的晾晒的衣物，所以它看上去跟其他几栋楼并没什么区别。记得毕业前夕的一个晚上，我和闯像很多学生日常时一样，坐在操场的长椅上，晚上十二点整的时候，我们看着对面宿舍楼的灯光，整整齐齐地一层层熄灭，心生感慨；紧挨着宿舍东边，则是三层高的北教学楼，北教学楼门口的“小花园”和欧阳予倩雕像周边，是大家除了操场的几条长椅之外最常坐的地方，北教学楼再向东是占地很小的食堂楼；正对北教学楼的是同样只有四层高的办公楼，办公楼南边便是“礼仪门”，礼仪门向东，是一排门口有小长廊的平房，涵盖了医务室、琴房、校宣传部。同寝室的舟有一次喝多，出去上厕所就不见人了，后来发现就是躺在宣传部门口的长廊条椅上睡着；小长廊尽头则是表演系和导演系同学们抢排练场的必争之地——东教学楼，阶梯教室、舞蹈教室、排练场都在这里，是表演和导演两系的学生最常出入的地方。就是这几栋矮矮的、长满了爬墙虎的老楼房，组成了我们四年的几乎全部时光。在这一小片主校园隔壁北侧，从北教学楼的后门出去正对面，还有一个只有四五间教室和一个黑匣子剧场的“北教学区”。沿北教学区和北教学楼之间的这条北兵马司胡同往东走，则是我们简称“北剧场”的北兵马司剧场，可以容纳 400 人的北剧场和另一个拥有 700 多观众席的实验剧场，组成了供学生汇报演出的最主要的两个表演空间。所有学生对于两个剧场都有着太多记忆和深厚情感，以至于 2016 年北剧场彻底退出历史舞台的时候，一时间所有毕业生在朋友圈唏嘘不已，还有人特地回去，最后再瞻仰一次这个自己第一次上台表演的地方。

由于学校的四层宿舍楼空间有限，当时还有一小部分学生的宿舍被安排在旁边胡同里的“22 号小宿舍楼”和“东公街宿舍”，甚至还有极小一部分同学有半年被安排在图书馆楼楼下的半地下寝室，每天早上都被操场上出晨功的同学的“八百标兵奔北坡”叫醒。对于现在来说，那些日子已经成为历史。自从我们毕业后，学校的主要教学区就搬到了位于昌平温都水城附近的新校区。虽然新校区变得宽敞，宿舍里也终于以空调代替了从前摇头晃脑的电风扇，排练场也再不用争抢，可我们却总为后来的学生觉得有些遗憾，好像离开东棉花胡同 39 号，那种古老悠久的氛围不再，全部都是钢筋混凝土的校园，是多少缺乏些历史灵魂的。好像校园大了，也不再像从前那么“聚气”，当时学校只有六个系，每届学生加起来只有 300 人左右，也就是说除去大四不常出现的毕业班，常在学校的本科生一共不超过 1000 人，大家低头不见抬头见，四年下来，不认识也彼此看了个面熟，多年后在某个剧组再见，好像是失散多年的亲戚。

入学报到那天，跟我一起到的还有我的高中同学 F，她考入了这届的导演系，一入学总要彼此照应。其他很多同学都有家长帮忙提行李送到寝室，她却只身一人。我那天没有带行李，打算军训回来再到寝室放东西铺床，刚好可以帮她提着行李送到楼上。女生寝室在三楼和四楼，最顶层的两层，从窗户望出去，校园视野格外好，很清晰地记得我从她们的寝室拍了一张学校操场的照片，后来发到博客上，作为一种特别的纪念。

军训

新生入学的第一项考验，是在校外的 15 天军训。当时觉得叫苦不迭，有不少同学，或者现场晕倒，或者被送到医务室，或者被勒令当场剪了头发。后来回想却格外难忘。我至今都记得教官的样子，皮肤黝黑，身躯挺拔，还有他们有点方言却格外严厉的口令。离开那天我们坐在大巴上，教官在挥手，他们其实只大我们一两岁。很多女生哭了，平常板着脸的教官也在哭。大家当时想的是对的，从此，这一辈子，我们可能再也不会见到。

回想军训第一天，所有新生在学校集合，集体背着行李走出胡同，上了在南锣鼓巷南口附近的大巴车。军训的地方叫防化学院，在西北六环外，当时大家没有手机导航，也对于北京的路没有概念，没有人知道要去的地方到底在哪里，只觉得大巴车开了许久，越开越偏僻，直到进入到管理森严、楼房建筑都透着肃穆气息的军事管理区，“中国人民解放军防化指挥工程学院”映入眼帘。于是没有手机也没有任何电子设备，只有连男生也去小卖店抢着买“一片云”垫在胶鞋鞋底的日子开始了。下了大巴车，第一项是分配宿舍。每个宿舍有八个人，跟在学校宿舍的室友不同，八个人来自于不同专业，两个表演系、两个管理系、两个影视系、两个舞美系，很平均。八人为“一班”，站队列的时候这八人也站在同一排。我所在的宿舍在进了寝室楼一楼的左手边，隔壁是小卖店，所以屋门口常常人头攒动。军训期间的宿舍还有两点跟学校的寝室不同：第一，大家住的是上下铺，这倒是不打紧，但是第二，宿舍楼里没有可以洗澡的地方，于是洗澡问题果然成了大众最热门议题，跟大家之前在网上看“中戏军训攻略”中看到的一样。攻略中曾经传言有过一年是整整 15 天都无法洗澡，还有一年是 15 天只有两次洗澡的机会。后来事实证明，我们那一届果然并没有好到哪里去，半个月里一共只洗过三四次，每次都是集体走着列队到澡堂，然后在门口排队等候，以至于在最后几天“洗澡政策”放宽的时候，有些同学也自动放弃了。

后来没过几年，新生就不再被拉出校外军训，看他们在学校里面，感觉像只是走个形式。他们不会连洗一次澡都觉得幸福，不用抢着吃饭，不用担心半夜被叫醒紧急集合而不敢脱衣服，也没有了在那十五天打乱系别的同学相处。他们好像是幸福的，可我们总觉得我们当年的辛苦，换来的经历更加珍贵。

前些天跟一个老同学见面，现在他是某大型视频网站的部门负责人，尽管很多年没见了，但由于当年军训时曾在一个宿舍共处那难忘的 15 天，还是倍感亲切。

课程

回到学校，大家顶着被晒成另一种颜色的“临时的肤色”，开始投入到真正的大学生活。

艺术管理系的课程涉及的领域很多，很多人当时问我们学的是什么，其实当时连我们自己也不清楚。只觉得好像什么都要学一些，什么都略懂，却无一精通。后来才领会，“什么都略懂”，并且具备合格的审美和判断力，对于一名艺术管理者的重要性。

整个大一到大三上学期的课程都排得满满的，星期一到星期五，每天都是下午五点才下课，记得大一大二的时候，有两个晚上还有晚课，偶尔周六上午还会有一门案例课。从管理学、心理学、经济学、艺术法学、会计学这些贯穿时间最久的专业主课，到表导演、戏剧史、舞台监督、音乐赏析、服装基础、灯光基础、舞台美术基础、编剧写作基础、戏剧形态学、国际演出巡演、戏剧制作、剧院管理、舞台技术、形体礼仪这些从九周到一学期学时不等的轮番交替的专业课，当然还有大一大二时候的体育、政治、英语这几门必修课。如果换了现在的精力，很可能会吃不消。近几年的寝室同学聚会时，大家对于当年的旺盛精力都表现出了仿佛是对他人人生的好奇。当时不仅从早到晚课程满满，每门课还常常有课下作业，偶尔还要去校内外调研，还要在校内参加社团活动和剧目实践，最主要的是，居然还可以常常半夜出去在胡同里胡吃海塞一顿，若是碰到寝室同学的生日，出去唱歌唱到很晚，回来睡几个小时就马上满血复活。光凭精力旺盛这一点，就足以证明大家为何都想抓住年轻的尾巴死不放手。

提到作业，也是四年当中最难忘的部分之一。相比表演系导演系的排演片段作业和声台形表、舞美系的画图和做模型、戏剧文学系的读书和写文章，我们的作业绝对可以说是五花八门。大一的时候，就让我们知道了如何写剧评，每个剧本去图书馆找来至少要读两三遍，然后手写剧本分析和评论的字数至少两三千字；也让我们知道了什么是表演系的体验生活和熬夜排练，只是我们表导演课的小品汇报，现在看来简直不堪入目；还让我们第一次开始接触如何做PPT，并在大家面前做阐述，从剧目策划方案到每人自己家乡的非物质文化遗产调研，我们的PPT从大一做到大四，从菜鸟到熟练，再到出现了胡寒同学这样的“PPT QUEEN”，管理系想必是全中戏做PPT能力最强的专业。

在这些五花八门的作业当中，最难忘的当属集体分组作业，每次分组都由不同人搭配组成，我们曾分组完成过某事件危机公关方案、大型发布会的策划执行方案、某剧目的国际巡演方案、某大型集团的管理案例分析研究，还曾在文化法学的模拟法庭时进行公诉方、辩护方、法庭人员的分组，更曾分组做过国内外连锁餐饮品牌的标准化管理差异分析。而关于集体作业的地点，我们也几乎踏遍了当时南锣鼓巷的每一间咖啡店。如果是晚上，也可能会聚集在宿舍楼的地下小餐桌，如果再晚，则可能是地安门 24 小时营业的“避风塘”。记得一年冬天，管理案例课的作业刚好以寝室为组，分组最忌全部男生，如果一个组全部是男生，通常作业会拖到最后一晚。那次也不例外，我们六个人在避风塘熬到大半夜，走回来的时候冻得半死，回到寝室才觉得整个人复苏过来。

而对我而言，除了老师布置的常规作业，还有一项是我自己专属的课外作业——半夜，操场，练习投篮。

大一大二的体育课，是我这种从小没有运动基因的学生最容易挂科的科目。两年当中，每个上学期是篮球，每个下学期是排球。排球还好一点，反正大家都没啥基础。而篮球考试，我则只能自己恶补练习。之所以只能在半夜，无非是因为没什么人会看，少丢一点脸，也不会有人以为我在玩就上来打一局。当然，不要在白天的时候一个人占用学校本来就很稀缺的篮球场地，也是基本的道德。通过多数人不知道的半夜恶补，大一大二体育课我才勉强及格。直到大三，终于不再有体育课，我才算松了口气，再也不用半夜去楼下练习定点投篮和三步上篮。大二快结束的最后一堂体育课下课，没人知道我当时内心的狂喜。

运动会

体育项目算是很多艺术类院校的普遍弱项，尤其对于我们这种男生比例较低的专业。上下几届，男生比例多则三分之一，少则八分之一，我们上一届的管理系，一共就只有四个男生，直到我们这一届入校，史无前例的十三名男生终于让大家看到了希望。所以大一那次运动会，作为大一新生、运动会的主力，我们被“鼓励”所有男生都要填报项目。对我而言，从小到大除了参加检阅队伍，从来没有参加过任何运动会的任何项目，也不会有人跟自己班的成绩过不去，逼迫一个体育课都勉强及格的人去参赛。做梦也想不到，我逃过了小学到高中，居然在大学还是没能逃过。也许上天还是希望我的人生更加完整。在所有项目里，我选了又选，觉得 1500 米应该是不太被关注的项目，因为要跑好几圈，一般到后半程大家主要关注点在前面几名，后面被甩得很远那些，不太有人管你死活。为了不要太丢脸，我跟篮球考试一样，还是进行了特别准备。最亲近的朋友往往同病相怜，GY 也是一个身体虚弱不协调的人，却报了女子最长距离项目 800 米。于是在运动会之前的一段时间，我们隔三差五地就要提前起床半个小时，七点钟相约在南锣鼓巷，一起晨跑。尽管经历了好几次煞有介事的“赛前训练”，还是难逃运动会当天的“发挥失常”。当时的我并不知道自己对于很多“提神饮料”会产生严重的心悸反应，比如浓茶、浓咖啡还有红牛等。于是在上场前为了超水平发挥，为了集体为了荣誉，我灌了两罐高倍数红牛，在跑到后半程时开始产生剧烈的生理反应，心悸目眩、太阳穴剧烈跳动、极强的呕吐欲，后来，我就是在如此剧烈而迥异的红牛反应下“走”完了后半程，那天的太阳很大，觉得自己随时都可能趴在地上。在强大的信念感支撑下“走”到终点的时候，我看到了同寝室的几个人在我眼前有点重影，我想在他们的搀扶下我觉得我终于可以吐了，却只是干呕和剧烈地喘。我对于那一天，那次人生中第一次应该也是最后一次参与运动会，最终并没有晕倒的结局令我非常满意。

看戏

除了这些必须完成的任务，大学时光的课余生活绝对也是人生中最丰富多彩的几年。

记得刚刚开学不久，有一次班里的同学问谁晚上要一起去人艺的小剧场看戏，戏的名字叫《有多少爱可以胡来》，印象中的票价是 100 块钱左右，当时小剧场对于社会还是新鲜事物，对于我们这些刚来北京、刚上大学的学生来说也同样如此，于是在票价还算可以接受的情况下，当天有半个班都去看了那场戏，也许大家是想，既然学的这个专业，总得去了解了解市场。后来在某个剧目做票务营销的时候，我回想当年的集体性冲动消费，提出了“主打大学新生”这一“黑心商人”营销方向，原因是真实案例说明，大学新生是最容易被煽动的群体。

那次以后，也开启了我大学四年的看戏习惯。我们曾经所在的老校区和新校区相比，还有一点好处，就是看戏方便，作为打出“戏剧东城”口号的北京市东城区，是北京剧场最为集中的区域，除了学校本身的两个剧场，胡同里有老国家话剧院、老儿艺，公交车坐两站地就是北京人艺，再坐两站就是东方先锋剧场，而顺着张自忠路一路往东就是保利剧院。由于很多都是师哥师姐做的戏，“蹭票”自然是生活费并不富裕的在校生的常态。看得多了，才会慢慢知道什么是好的，而鉴赏力和判断力，则是未来职业生涯中最基本的素质。毕业后，随着越来越忙，现在再也不能像从前那样，每周都看一两部戏，常常想起都会觉得自责。

从第一次在首都剧场看山西省话剧院的《立秋》，到全班一起组织去看人艺小剧场话剧，再到后来高频度地出现在剧场，曾经给我打动和感染的剧目数不胜数。很多人说中戏毕业的人多数都有“舞台情结”，或许是因为在那几年不断看戏和为戏剧付出的过程中，种下了“戏比天大”“敬畏戏剧”的种子，并且因为太多实实在在的触动，才明白，有些东西，只有现场亲临才可以给予，所有线上传播都无法复制，那是那片方寸舞台上难以言喻的魔力。

跟戏

艺术管理系是各类实践最多的专业，常常出现在学校各个毕业大戏的剧组当中，但恰恰由于缺乏“不可替代的专业性”，在早期基本都是“打杂”身份，诸如“舞台监督助理”就是负责切换道具、演员催场，“票务助理”就是去其他各个高校推广我们的毕业大戏，“宣传助理”就是到处贴海报、发宣传单页。第一次被叫到剧场帮忙，是大一刚刚开学，周申和刘露导演的研究生剧目《朱莉小姐》在北剧场演出，舞台监督、直系师姐白雪娇和徐凤娇叫了我们寝室的五个男孩儿去帮忙做“舞台监督助理”。一切都是新鲜的，相比在教室上课，我们当然更喜欢在剧场的时光，哪怕只是“打杂”。然而有一个周一上午，时值系主任的管理案例课，那是大一时候最重要的专业主课。我们五个在北剧场的椅子上优哉于不用去上课的窃喜，突然看到系主任亲自到剧场里来，他没有大发雷霆，也没有径直走向我们，而是找来师姐白雪娇，我们远远听到他用大道理把师姐一顿说教，类似“怎么能让他们刚刚大一就因为跟戏影响正常上课呢”云云，于是我们五个就灰溜溜跟着系主任回到教室去了。那之后不久，系里强调说“大一大二期间在校内外的实习不可以影响正常上课时间”，不知道是不是跟那次系主任亲自到剧场抓人事件有关。

后来，跟戏成了我们现在回头看来，大学期间最难忘的经历之一。2003 级表演系 1 班的《伊凡诺夫》，我做音效，在实验剧场的音控室里，透过一个小小的窗口，配合舞台上的表演，用一台现在看来其厚无比的华硕笔记本。后来，跟 2003 级表演戏 1 班的苏茂洋合作了《阿姨》《后青春期的诗》，跟徐岑子合作了《李雷和韩梅梅》，跟巩小榕合作了《金龙》。2003 级表演系 3 班的《死囚的梦》，我做执行舞台监督，那个戏的原名叫做《被平反的死刑犯》，我到现在都还记得，当时每天在耳边听到一样的台词：“这里不是容纳思想的地方，思想不会终止于有形；开放，或者过分的好奇都非易事。太认真地研究事情是很危险的，想要弄清事情的主角，发生的原因，发生的时间，想要弄清事情的经过是很危险的。我们这些芸芸众生如何才能逃离这个洞穴，哪里是我们的出路。也许我应该像理查德、拉尔夫和朗斯通那样去做？在这里想要成为一个诗人并不容易。然而，我还是要歌唱。我要歌唱。”当然，还有题目的那句“在这个冰的世界上，没有时间，来谈论，梦境”。2004 级表演系 3 班的《好运派尔的旅行》，我做宣传统筹，第一次请媒体吃饭，第一次写稿件，第一次建立了一个剧目在新浪戏剧的专题页面，第一次自己一个人用并不纯熟的 PS 技能设计海报、宣传册，然后拿着打印的样稿去找院长签字。2005 级表演系 1 班的《爱的徒劳》，莎士比亚讽刺意味最强的一部喜剧，我做舞台监督，这是大一的时候觊觎已久的岗位，但在当时自己也即将大四的时候，也就不以为然了。当时 2005 表演系 1 班的陈晓，还没有人知道后来他会大红大紫，在学校的时候，大家的判断和猜测，通常离后来的现实差得很远。

然而那些在剧场拖地的日子，那些去各个学校门口发单页的日子，那些对着电脑通宵做海报的日子，那些在剧场观众席的座椅上累到睡着的日子，都成为后来在迈向制作人的路上，最不可或缺的经历。

感恩师长

“有些人，我们把他留在回忆里，是为了借由他们，来怀念当时的自己。”

这句话不仅仅适于已经分开的恋人，同样适合很多人，比如，曾经每天抬头就会看到，后来却几乎再无音信的师长们。只是，他们除了可以借由怀念当时的自己，也教会了我们太多。

当时的系主任商尔刚是管理学毕业，他告诉我们“胡萝卜加大棒”的管理法，告诉我们人的需求层次；大一的时候为大家带来最大课业负担的郭琪老师，当时是孟京辉的制作统筹，让我们第一次知道什么是国际巡演，让我们学会写剧评、做策划；传说中的魔鬼教师宋震，真的很魔鬼，所以文化法学是所有人最害怕挂科的一门课，然而多年后回想，著作权法是毕业后最常用到的知识，若不是他把薄薄的一本著作权法用两年的时间，通过各类案例深深地灌入我们的脑海，我现在在签署著作权相关合约时也不敢说，与其请不是专研于此类法学的律师，恐怕还不如我自己来审，每每此时，我总要很感谢“魔鬼”宋老师，我们若不是吃了那些苦，若不是费了大周折去做班里面的模拟法庭，若不是把“传播权”“复制权”等一切烂熟于心，不知道后来，要在社会上吃多少真金白银的苦头。

毕业后还经常联络的几位老师，有马述智老师、孙亮老师、张蔚老师，等等。2017年年初，公司做战略发布会，我小心翼翼地邀请他们到场，很意外他们都很乐意。马述智老师是我当年毕业时的论文指导老师，在那次之前算不上熟悉。上课的时候他语气温和，从来都不点名，讲到兴起时还会从讲台走下来，坐在前两排没人坐的桌椅上。大学四年，我们没见过他大声讲话，一直都彬彬有礼，不慌不忙。后来我常常回去看望他，有的时候还会请教剧场规划方面的问题。他的目光一直那么真挚而透彻，他特别喜欢听我们讲外面的事情，然后点着头微笑道：“挺好，挺好。”

教我们文学史的姚老师，虽然后来再无往来，我却常常想起当年一件集体未出勤的趣事。毕业于电影学院文学系的她，讲课轻声轻语，从不会厉声厉色，可是不懂事的大学生总会挑这样的老师的课逃课。由于姚老师基本不点名，后来出勤率越来越低，大家总是想，只要有人去上课，撑个场面就行了。有一次早上的课，赶上所有人都这样想——总会有其他人去的，于是全寝室都在睡梦中的时候，听到跟我头对头的班长萨萨接起了电话，电话那边姚老师细声细语，竟没有一丝恼怒地说：“今天是不是通知错了大家上课时间呀？教室里一个人也没有呀！”萨萨无语凝噎，然后姚老师依旧悠悠地说：“要不这样吧，你跟大家通知一下，咱们改天找个时间再补上吧，也可能是我记错时间了。”萨萨放下电话的时候，我们才知道，是我们这些学生太不懂事了。姚老师的温和，反而让我们后来再不好意思缺勤。

相比多数课程的安静，表导课则是最热闹的。教我们表导课的武亚军老师，由于曾经在妇孺皆知的“大宝 SOD 蜜”广告里说了那句“大宝啊，天天见”，所以我们都爱称他为“武大宝”。除了大一的时候因为表导课建立起融洽的师生关系，后来大三的时候武老师教我们影片赏析，成了整个班都非常熟悉而亲切的老师之一。毕业典礼那天中午，系里的 44 名学生和几乎全系的老师一起吃“散伙饭”，按说武老师其实是其他系借调来的老师，并不一定要出现，但我们还是把他拉过来一起。酒过三巡，有些女生已经开始在哭了。武老师并没有喝酒，他因为还要赶回学校，中途必须先离开。作为课代表的我，肯定要把他送到门口。临出门前，武老师跟学生们道别，所有人一起喊出了那句“大宝，天天见”。我看到武老师转身的时候，瞬间红了眼眶，那是我唯一一次见到他流眼泪。

很幸运，最近的新戏《夔龙玉》有幸请武老师来创作剧本，每次开会的时候，听到他的声音，好像又回到大学上课的时光，午后的小小教室，他总能信手拈来地引用电影中或者书籍中的桥段，而且几乎一字不差，我们常常感叹他果然是饱读诗书，还有过目不忘的神功。

除了教室里的老师们，对于一些行政岗位的老师，我也同样记忆犹新。当时的团委书记徐贞老师，负责校学生会的管理工作，尽管是北大博士毕业，但看上去好像跟我们同龄，大家自然而然地打成一片，直到现在我还习惯叫她“徐老大”，每次开协调会，不管到多晚大家都一样甘之如饴，因为徐老大身上的阳光和积极，让大家觉得没有不努力的理由。有一次我的提议很好，徐老大开玩笑说，鹏飞我要成为你的粉丝，给未来你的粉丝取个名，就应该叫“海飞丝”。我们就是这样完成了一个个挑战，从校元旦晚会，到年度歌手大赛，再到国际戏剧论坛，学生会在徐老大的带领下，成了我们除了班级以外的另一个家，大家总能各显神通，无所不能。

有些人，不管在记忆里的什么地方，每每想起，还是犹如阳光照在身上。当时的学生处主任周燕老师就是如此，毕业于北京电影学院表演系的周燕老师有种与生俱来的优雅端庄，她和徐贞老师都因长相甜美而迅速得到学生们的厚爱。当然，她也厚爱着我们，尽管有时候方式很独特，比如每次在食堂遇到，周老师都会催我入党，于是我终于在周老师的敦促下，于毕业前夕正式转正成为一名合格的中国共产党党员。另外一位跟我们的生活最为密切的周老师，则是我们班的班主任周毅老师，人送外号“大鬓角”。大鬓角是我们入学接触到的第一位老师，性格直爽，不拘小节，喜欢越野车，让人觉得有点酷。我们入校那年，大鬓角也才本科毕业一年，留校做系秘兼我们的班主任，所以我们更喜欢把他当成本专业的大师哥。新生报到的时候他跟我们说：“我知道你们以前在自己的高中都是明星，都挺受人瞩目的，但是在这儿，我劝你们要脚踏实地一点，因为你总能发现比你更加优秀的人。”后来他跟我们去军训，有学生生病，他就会开着自己当年的两厢小别克，把学生送到医务室。在那个一片森严的军事管理区，我当时觉得我们的班主任简直就是棵温暖的大树。

关于那些师长的故事，很难全部尽数。回忆像是一片大海，无穷无尽，跳到里面一直游一直游，总会发现意想不到或是被遗漏的奇珍异宝。比如一直笑嘻嘻的宣传部马晓老师，比如被我气得要去系里告状的服装室老师，比如刘海有一片标志性白发的灯光专业老师哥冯德仲老师，比如因为有些娇羞而常常被男生开玩笑的会计课李岫老师……

“小分队”聚会的时候，大家常常会提起当年那些老师们，然后傻乐好一会儿。

一醉方休

大学期间最日常的消遣方式，便是“一醉方休”。寝室兄弟常去锣鼓巷的回味斋吃夜宵，我从未想到自己会那般留恋一家新疆馆。或许因为那是距离学校最近的一家营业到凌晨后的餐馆，熄灯后，整个饭店都是学校的人。我们几个兄弟，叫一盘大盘鸡，一些烤串，每人一份拉条子，几瓶啤酒，就是一天中最大的幸福。偶尔遇到邻系好友，换桌喝几杯，喝的是青春里的浓烈。

而如果是更大范围的聚会，往往会选择向西胡同里的华凯餐厅包间。每一次，相同的十几个人，通常会选择同一个包间，有几次王晨喝醉，把人家的包厢门踢碎，还要特地拉老板来喝酒赔罪。过生日的必备则是西直门的“同一首歌”KTV，唱一整晚，回学校还能继续去上早晨的第一节体育课。方舟有一个硬盘，储存着很多我们在 KTV 里面傻傻的逐个跳舞的视频。

血气方刚的大学生，关于聚会后喝醉的记忆简直数不胜数，有一些不堪回首的，也会选择性遗忘，若不是别人提起，自己绝对不会捡拾起来。比如我们在半夜的锣鼓巷穿梭狂奔，比如在操场碰到并不熟的表演系师哥说你一定要红。当然还有萨萨一旦喝多，遇到对面走过来的人，如果对方看了他一眼，他就会叫嚣着“你看啥”，跟东北流传的“你瞅啥？瞅你咋的！”典故是一个道理，如果对方回复说“看你咋了”，那么我们都知道，萨萨的下一个动作就是到处找砖头了。或许是蒙古人跟东北人都有着类似的血液，都有着对于“你瞅啥”这个叫嚣游戏的特殊钟爱。尽管十有八九他最后根本找不到砖头，或者被我们几个人拉住，然后一边拉他走一边跟对方道歉。现在的萨萨酒后再没有当年的年少轻狂了，现在大家普遍都是喝多后直接睡着了。相比长大后的理智冷静，我倒是更怀念当年那个略带莽撞的蒙古少年。

聚会是我特别热衷的活动，甚至是生活中的一种期盼，一种念想。闭上眼，回想起那时候的某个下午，阳光刺眼，我和 GY 几个人在课后结伴去地安门超市买些日用品，然后在回来的路上，盼望着晚上的聚会场景，讨论今晚宇会不会又是在喝多后目光呆滞，讨论着萨萨会不会又因为游戏惩罚而喝掉一大碗酸辣汤。小小的胡同里，几个大学生边走边笑。那样的午后，那般满足。

偶尔，我们也会去临近的后海，找找小资的情调。2007 年 10 月，大二的上半学期，我曾在博客里写下这样的片段：

凌晨一点半。以周五的晚上来讲，后海已经比我的记忆中安静了许多。喜欢水石牛外面那排水边的座位，水中那片荷花池已经有点颓败的景象，垂头丧气地漂在那里。天气毕竟冷了，上次坐在这里还是九月初，当时萨萨还迈过围栏去摘了一大片生机盎然的荷叶，然后说一定要拿回去放在我家，结果那天后来几个人都有点微醺，走的时候已经没有谁还记起那片荷叶了。

有些寒意的时候只好搬到楼上去，看人们从脚下逗留或者离开。依然有人在放许愿灯，不过只是零星几个，还是经常会有在半空夭折的，化成一道星火落入后海的湖面上，还奄奄一息，倔强地不肯灭去，直到无力抗争，才渐渐从人们视线里离开。这是我一直都不放许愿灯的理由。我听到它们不甘心的仰望，穿过头顶上那片腐朽而招摇的夜色。回家的时候，天气真的有点冷了，尽管不如东北的午夜冷得那么彻骨。

晚安，北京。晚安，所有未眠的人们。

后来

后来，我们几个兄弟聚会的时候，会特地选一家新疆馆，假装是在回味斋。

因为回味斋在我们大三的时候就已经不在了，成为记忆里永远的缺口。我们偶尔会结伴回学校看看，看看我们曾经自习的教室，还有现在已经不允许我们上楼的宿舍。又一度随着锣鼓巷的游客越来越多，学校不可以再随便进入。对于要刷卡才能进入的事实，有校友愤愤地在网络上说："我们毕业的时候，徐翔院长说，以后希望能常回来看看，可是我们现在根本都回不去啊！"于是后来，便出台了毕业生可以凭身份证进入校园的规定。尽管如此，我们最遗憾的，还是无法再进入曾经的宿舍去看看，看看我们的床位住了谁，看看那台摇头晃脑的电风扇。于是我突发奇想，想要去郊区租一间仓库，改造成我们曾经宿舍的模样，这样我们就可以在周末的时候，回到"236"，回到我们最怀念的日子。

直到现在，还是常常做梦的时候梦到，以现在的意识跳回到 2006 年高考前，面对历史政治地理数学，什么都不会，眼看着文化课无法通过，将再次与中戏失之交臂，将遇不到后来的他们，无法经历后来的一切，就会惊醒。

醒来的时候，发现他们还在，我，也还是现在的我，记忆里的一切都是真实的。真好！

“236”里面，有我青春中的全部美好

1号床 祝

讲话很少，但情商并不低，酷爱古典乐，在别人聊天时常常“脱线”。

2号床 舟

爱好网游的“special hair”，古灵精怪，年纪最小。

3号床 晨

目测为六人中家庭条件最好，遗传了女排运动员母亲的高身高和黑皮肤，有些没头脑，傻气中带着一根筋的可爱，偶尔有些自大却不让人讨厌。

4号床 宇

透着军人一样的正气凛然，朴素，心地善良，爱干净，连电脑桌面都不能超过五个图标。

5号床 我自己

外表柔弱，但内心好强，再深挖是骨子里有点自卑，很多方面格外努力，爱热闹的孤独恐惧症患者。

6号床 萨

成熟稳重而不失幽默，受到老师和同学信任和喜爱，很会处理人际关系，有些慵懒，热爱自由，却有着莫名的人格魅力。

军训前一天所有学生报到，除了我以外，寝室的其他五人都已经在寝室彼此认识，而我，由于跑去女寝，帮跟我一同考入学校的发小姗姗铺床，所以没有在寝室露面，后来听他们说，当时他们对空空的五号床这个叫汪鹏飞的人满心好奇。直到即将出发去军训那天，所有人在教室集合点名，才知道，原来五号床，就是这个穿着碎花衬衫，梳着火娃头的“奇怪少年”。这是他们五个后来才告诉我的。

不光是他们觉得我有点奇怪，在接下来的15天，我同样对他们每一个人，都没留下半点好印象。

还没来得及与六人相认，所有新生被集体拉到郊区一个名叫“防化学院”的军校，准备开始为期15天的军训。在之前网络上能查到的所有新生攻略中，几乎全都是围绕着如何应对这恐怖的15天，例如即使是男生也要带卫生巾，可以垫在胶鞋里面；再例如，假如七天不给洗澡应该采取什么样的生存法则。军训的寝室跟在学校寝室不同，不同系别被打乱重新列队，然后以“排”为寝，每寝十人来自不同系别，我和祝分到了一个排，作为十个人中唯独同系且日后要四年同寝的两个人，大家提着行李排队进寝室的时候，我下意识观察了站在我前面的祝，皮肤黝黑，配着一个巨大、亮黑的行李箱，看起来是典型爱运动的富二代模样。我主动跟他搭讪，却发现祝一脸严肃，回答冷漠，便在心里种下了“傻X装逼冷血男”的定义。所以在后来的十几天，虽然一直站在彼此的左右边，却也交流甚少。

反倒是隔壁排的宇比较积极，在军训的某天拉着我跟其他五人相互简单结识。

我跟三排导演系的闯，反而比跟未来同寝的那五个人更加交好。对于这次与其他五人的相互结识，我是这样跟闯总结的：祝看上去“缺心眼”，晨完全是“傻大个而爱张扬”，舟是“爱要聪明的宅男”，宇“一脸正气很刻板，应该去警官学校才对”，萨则是“看起来很社会，一脸邪气”。总结来说，日后跟这五人同寝的日子，完全无从想象。

军训结束时，在宇的倡导下，六个人在军校宿舍楼门口的长条石凳上拍了一张不尴不尬的合影，三人坐在前，三人站在后，站在后排中间的晨还不知缘由地双手抻开一卷卫生纸，像在进献白色哈达一样。也许他是在去厕所的路上被抓来的。

回到学校，萨被指定为男班长，而我在团支书的选举中以一票败给班中年纪最大的女生。也许是被认为做事情更靠谱一些，我和萨常常同时被学校和老师安排工作，两人开始常常同进同出，关系变得紧密，甚至由于同样消瘦并单耳戴耳钉而曾经被某老师弄混，慢慢开始无形中有一种由于很多想法和行为相似而产生的兄弟感。一次两人吃饭时，萨问我有没有外面可以实习的机会，让我觉得原来给人感觉豁达成熟的萨也和大家一样有着“俗而现实”的追求。我知道现在的他一定早就不记得这件事，说实话，我自己都不确定这一幕是真实发生的，还是模模糊糊梦到的。记忆常常会出毛病，对于多年前的细节，事实和幻觉会分不清。这句话很像《阳光灿烂的日子》中的台词。的确，整个大学时光，都是我生命里阳光最灿烂，甚至由于过于耀眼而在回忆里有些晕眩的日子，但没有妨碍它在生命里留下闪闪发光的样子。

大学中丰富的情感生活，当然在 236 里也少不了。晨每天晚上都会跟曾经高中的老师也是女友煲冗长的姐弟恋电话粥；萨跟恋爱三年、在机场做安检工作的女友感情稳定；宇由于跟同班的薇暧昧不清，因而常常在几个人一起 KTV 时，大家为他点黄品源的《小薇》。

大一的一年课业繁重而充实，六个人开始的时候由于对同班另一个男寝的

吐槽和打趣而抱团，加上平常上课下课都是同进同出，甚至在忙碌一天以后还能在半夜十二点集体去校边烤串小酌，感情迅速升温热络。每次喝完酒回到寝室大家的行动变得最为各异：祝穿着格外肥大的背心，戴着耳机一边听古典乐一边捏着钢笔在空中挥舞；舟迅速回到电脑前继续进行他常常为之逃课的网络游戏；晨一边跟女友通电话一边跟舟一起“打 boss”，然后在大家都睡觉时，与粗犷外表不符的格外爱美的他还要整理一遍新买的风衣；宇不停地为电脑杀毒同时要再拖一遍寝室的地；而我，在整理作业和发了博客以后，抓紧洗漱和面部祛痘，然后第一个爬上床准备睡觉；萨和女友的电话则相对专心和深情，尽管常常被临位隔着储物格的我误以为在跟自己讲话而接茬儿，偶尔，曾组过乐队、做过鼓手的萨，也会心血来潮对他的蒙古鼓敲上几下。

在各个方面都不甘落后的我是平常最拼命的人了，不仅课业要强，学生会活动和社团活动以及校外实习让我整天到处飞舞，还被 GY 起了绰号“东城汪不挑”，而就连晚上也要在快没人的操场一个人练习最不擅长却马上要在体育课当做考试项目的篮下投球。萨也由于班长身份常常为系里忙活，但由于特殊的人格魅力总是会有人心甘情愿地为他分担，这其中也包括寝室的几位兄弟，以宇和我为首，所以他依旧可以保持自己不想轻易被破坏的自由个性。

GY 跟我是同一个干爹，这是在开学后第一节表演课的课间我才知道的。她在干爹那里小我一届，而我对于干爹那里在我后面一年的学生并不熟悉，所以那次课间扎着马尾辫的她蹦蹦跳跳地来跟我“认亲”的时候，我还没有回忆起到底是不是像她说的我们在干爹那里见过。但毕竟有很多对于往日生活的共同语言，也多少有些共识的人，自然在刚刚开学彼此陌生的班级里，很快就彼此相熟，除了偶尔在周末一起回到干爹家探望探望，也发现了很多兴趣相投之处，慢慢成为了大学期间关系最好的女生朋友，由于我和 GY 的关系密切，整个寝室也和 GY 的寝室像联姻一样，只要其中有人过生日，就要两个寝室一起出去大喝一顿。久而久之，果然形成了联姻关系，宇在和薇的暧昧不了了之后，与 GY 的好友艳开始了长达三年的恋情，他的无微不至和怕老婆被大家认为是“男人典范”；而晨的姐弟恋情也没能经受长期异地的考验，最终和 GY 隔壁寝室的婷走在了一起，然而他们在开始的时候却并不被看好，甚至由于我们了解晨的花心秉性，还会侧面提醒婷，却终不奏效。

大一结束的时候，六个人决定按照入学军训时那张合影里每人的位置，再拍一张，并保证以后每年都要按照同样的位置留一张影，无论背景如何。这次，大家笑得很灿烂。

与此同时，我和祝也交集越来越多，也许是我作为曾经的文学青年和藏着文艺心痴迷古典乐的祝兴趣相投，常常一起去听音乐会，也许是两人的父亲都常常在北京而致使二人都时不时要在周末离开寝室分别去父亲租的房子，总之，一个怪逼水瓶座和一个让水瓶座无法忍受的沉闷处女男居然变得很要好。

在那个年纪，不管多微不足道的快乐或者多不足一提的悲伤，都值得大醉一番。于是在一个萨和祝都不在学校的周末，我由于和 GY 间的小小矛盾，在校边和闯喝得酩酊大醉，回来的路上经过回味斋，遇到晨和婷在里面，便又加

入进去猛干了两个蒙古口杯，不省人事的我被晨扛回寝室，晨和宇费尽九牛二虎之力好不容易刚刚把我安顿到上铺的床上，我却歪头连身都不起地吐在嘴边，最会照顾人的宇一直边接边擦，我吐完仿佛知道自己的床已被污染，于是越过栏杆跨到了没有人的头对头的萨的床上睡去。当然，这是后来他们告诉我的，而且这个画面现在还常常被提起，成为我的著名醉酒历史画面。

大一大二是最无忧无虑的时光，每一张照片都是晴天。一群 20 岁的小伙子，当然也留下很多趣事，比如夏天由于没有空调太热的时候，萨弄了个充气床垫说可以降温，结果没过几天，每天晚上睡到后半夜就会听到他用着吃奶的劲儿在给漏了气的床垫吹气；比如，由于六张床都是上铺，下面是桌子，大家要去别人的床上总要征得本人允许，但只有宇的床是神圣不可侵犯的，大家把攻克宇的床称为“打 BOSS”，于是常常在半夜上演三四个人在下面跃跃欲试，宇一个人在床上死守阵地的场面，只是这个“BOSS”最后四年都没打下来；再比如，第一年假期大家从家回来，会给兄弟带礼物，舟带的是四川老干妈，宇带的是哈尔滨红肠，只有萨比较野性，每人一把蒙古刀，后来一次我们在酒吧跟人发生小争执，根本没有到冲突的程度，晨非要信誓旦旦地给唯一在寝室的宇打电话，义正词严的，说现在赶紧过来，顺便带上寝室的蒙古刀，我们其他人听后顿时笑场破功。第一，晨可以把芝麻小事渲染成惊天大事的能力又突飞猛进；第二，即使真的有什么冲突，谁能等你朋友来送蒙古刀？第三，那其实是把装饰匕首而已，勉强也就可以切切水果。于是那天晨的认认真真的蠢萌，成了大家跟蒙古刀绑在一起的记忆。再比如，后来大家搬离寝室的时候，才发现寝室门框最上方还有张红色的符，那是因为一次好几个人说，觉得前一天晚上隐约有人进了寝室，走了一圈，又离开，舟还添油加醋说被压身，想说话说不出来，于是便有了那道符，图个心安。最骄傲的是，我们还在洁癖寝室长宇的带动下，连续拿了好几个学年的“标兵寝室”，每次的奖金 600 块钱都被我们拿去吃了新疆馆。

转眼到了大三，大家开始各寻出路，祝整日学英语准备出国，尽管身边的我觉得他根本没有语言天分，因为在前一年考四级时毫无准备的我都轻松通过，可是当时已经在天天学英语的祝却差了 100 多分；晨的家人已经为他在计划进入某部委机关；宇和舟好像并没有明确打算；而萨，是没有人担心他的，他总会有事情做。一次外面的实习机会找到萨，作为班长的他，贴心地介绍给舟，舟也好像很看重那次机会，一直没有给萨丢脸，后来在那个团队做了好几年。而我呢，则是开始了前途未卜的创业路。

本来说好都要在寝室住到大四最后一天的六个人，没想到最爱热闹、最依恋寝室生活的我，却开了先例，从大三下半学期，就开始很多时间都搬到北四环去住。

相继离开寝室的是萨。由于一次项目的合作，萨和同校师姐、导演系 2000 级的刘露结识并天雷勾动地火，二人分别剪断了各自保持多年的稳定感情，让全校为之哗然。那时候萨和我在国家大剧院短暂实习，萨每天都会不停地唠叨，把所有经历和困惑讲给我听。我从未见过萨像当时那样话痨，包括刘露的个性、两个人为什么这么合适、为什么要冲破重围，等等。后来，经历一番轰烈之后，他们的感情也一直模范式的持续和升华着，到现在他们已经结婚七年，感情依旧如初，并一起做出了电影《驴得水》。

快毕业的时候，晨落在了国家部级单位，宇和GY进入了国家大剧院，舟一直在萨为他介绍的民营团队，祝终于拿到英国学校OFFER，萨则和刘露忙着装修房子。在萨的怂恿下，晨和婷（曾经最不被大家看好的反而走到最后）、舟和女友都搬到了和萨（及露）同一小区，为的是日后还能像曾经一样。可是搬到一个小区以后，除了每次寝室的大聚会，几个人之间常常一个月也见不到两面。

后来，相爱指数爆表的萨和露最早结婚；被大家认为模范恋爱的宇和艳却无疾而终，反而晨和婷结婚生子，生活一直和和美美；一年后祝从国外归来，并带回女友，在祝和女友结婚时，大家一起去了广州为他做伴郎。

再后来，舟从那家民营团队离开，转行回老家开了火锅店，我们觉得挺适合他，因为那算是家族生意。可惜做了两年，又希望还是能做回跟文化相关的行业，他说，每天做重复的事情，觉得很对不起人生；祝刚刚回国时也和宇、GY一样，在国家大剧院工作，后来结婚后，就辞职去了广州；宇和高中同学结了婚，在事业单位过着朝九晚五的生活；晨虽然在一次极其严重的以至于被下了病危通知的爆发性肝炎后再也不能喝酒，性格上却一直没变，一起经历了生死考验后他和婷反而变得比从前更加相爱；GY经历了大学几段恋爱后，在28岁时依旧单身的她，选择了辞掉事业单位的工作，去美国留学。

大家相见的频率并不低，最多一两个月也要尽量聚一次，但先是少了舟，后来少了祝。所以大家每次一旦有全寝聚会的机会，就要赶紧拍一张老位置的合影，不管是不是相隔一年。好像唯恐日后未必每年都能聚齐，就多拍几张当做弥补。

2017年春节，我和家人到海南，碰巧晨一家、舟一家也都在海南，尽管我和舟距离晨所在的三亚有一点距离，但还是决定在除夕前一天，分别到三亚去找晨和婷。婷那天终于可以把孩子托付给家里的长辈，格外地放松。吃完饭，我们找了个安静的小酒吧，看到有舞台，一时兴起，三个人上台唱了236的寝歌《兄弟》。那是久违的开心。

九把刀说：“不是不想长大，而是我的青春太棒。”于我而言，同样，我并没有不想长大，因为236就是我青春里最棒的部分，而他们，会跟我一起长大。

创业篇

尽管很多人把我说成创业励志的榜样，但只有我自己知道，无论是一路的跌宕，还是眼前的处境，我其实只是一个并没有那么励志的傻瓜。

跑，跑啊跑

奋力咆哮

只留下被挡在门外的泡沫

于是，我们又疯狂变老

不顾一切地跋涉千里

直到回不到过去

于是，我们乐不可支

创业那一年，我的字典里还没有“创业”这个词儿

当“创业”的话题开始铺天盖地的时候，很多人都会问我当年为什么“创业”，结果可能会让大家失望，我不是满怀理想义无反顾昂首挺胸地走进创业大潮，也不是有多么了不起的想法，一定要在商场中杀出一条血路。2009 年，“创业”还没有变得流行，没有变得被关注、被鼓励，大家很少提起这个词，我更从没想过。22 岁，大学三年级，一个人在人生有很多选择的时候，往往并不擅长给自己下定论，我也一样。在那一年，我仿佛看得到最开阔的前景，更没什么理由怀疑自己，老师眼中的好学生，同学当中的好人缘，从班里的团支部到系里的团总支，从社团主席到学生会部长，我绝对是个不折不扣的积极分子，同时也因为太肯吃苦，得到师哥师姐的认可，从大一就积极参与在校内校外的实习，在剧场扫地、端茶倒水、整理道具，在校外发单页、买票、贴海报，给每个媒体打电话……人送外号“东城汪不挑”的我，什么都能干，什么都可以干，也在 2008 年就做了小剧场剧目的执行制作，那个 22 岁的少年，未来有太多可能性。

可是有一件事令我心寒。那一年，孙海英说中国戏剧“死了”，尽管我对这位老师一直没有太多认同感，可是这句话，却是说到了我的心坎儿里，说到了我最不想见光、不想承认的软肋上。当年的“民营戏剧”，并不比现在的地摊货高档，更让观众分不出优劣，很多观众赶着热潮、抱着期待走进剧场，走出去的时候心里在一百个骂娘，心想这辈子再也不想看什么话剧了。这是我最揪心的事了。

21 世纪初，北京、上海渐渐出现了商业戏剧，所谓商业戏剧，也可以理解为除了国有剧院团以外的、完全需要靠票房吃饭的民营戏剧，开心麻花、翠花上酸菜、戏逍堂、李伯男等戏剧符号开始出现在市场上。到 2006、2007 年时，民营戏剧在京沪逐渐掀起小小的热潮。然而与此同时，由于当时的民营戏剧主要以小剧场为主，成本较低，成本低，门槛就低，于是瞬间出现了众多跃跃欲试的机构、公司、工作室，但为了赚热钱或者抱着“以低成本在文艺圈插一脚”态度的那些新晋机构，作品基本可以分为两类：一类是效仿市场上已经有些口碑效应的都市喜剧、办公室搞笑剧或者情感喜剧，却多数是东施效颦；另一类则是模仿市场上的先锋戏剧旗帜孟京辉，做一些观众看不懂的戏，以为让人看不懂，自己便也“先锋”了。很多观众本是抱着试试看的态度到了剧场，如果看了一出让自己反胃的戏，可能未来的几年就都不会走进剧场了，因为他们并不知道自己看了部不入流的戏，他们以为所有戏都是如此。

我并不高尚，但至少还有一点出于一名戏剧学院学生的使命感。当时观众们看到的大多数民营戏剧，并不是真正的戏剧，不是我认知里的、让我在图书馆里看剧本看到为了忍住眼泪而不停下楼抽烟的戏剧，更不是让我写一个剧本里的人物分析就能写几千字还乐此不疲的戏剧。所以我常常说，当年并没想什么创业，只是想把我认为可以被大众接受的好的戏剧给大家看，哪怕是一部。

2009 年年初，朋友把台湾导演刘亮延介绍给我，辗转成为了人生第一部剧目的缘起。当时刘亮延正在大陆寻找音乐剧的合作，“音乐剧是演出行业的终极商业品”，这是老师曾经告诉我们的，因为它融合了戏剧、舞蹈、音乐等多种舞台艺术，因为它已在发达国家形成风靡市场的流行产品，更因为，从大一的音乐赏析课上我第一次看到《巴黎圣母院》的视频，就已经被其中唱段深深震撼，所以跟刘亮延导演的合作一拍即合。第一部独立制作的戏，居然是即使换成现在的我都要谨慎而为的音乐剧，回想起来，当初真是初生牛犊不要命。

我的第一部独立制作音乐剧《阿姨》就这样上马了，虽然当时只是想做一部让自己、让观众满意的剧目，然而，我的人生轨迹就此改变，创业的路，从此再无法回头。

尽管从大一开始，就一直在各类剧组里面担任各种职务，舞台剧里的每一个岗位几乎都曾上手做过，但如果说独立担任制作人，还是破天荒第一次。即便是初生牛犊，即便再“虎”，也不至于想要在第一次做制作人的时候就做一部大剧场的戏。所以当初听完刘亮延的音乐，原本是觉得很适合一部小剧场实验性的音乐剧，相对来说，我也较能掌控。可是后来，一步步开始不受控制。

从最初开始讲起。艺术管理系有一点优势在于，通过在师哥师姐们的毕业剧目中的帮忙，跟很多表演系的师哥师姐保持着密切的联系，2003 级表演系的苏茂洋就是其中关系最好的代表。能唱能跳的苏茂洋也以未来该剧男主角的身份，跟我一起参与到了《阿姨》的前期策划当中。后来，各个岗位的主创相继进入，包括当时三联的资深记者、编剧马戎戎，台湾戏剧人刘小令，舞美设计、师姐谷旻雯，编舞范东鹏等。我到现在还可以清晰地记得跟每个主创初次见面时的情景，那是后来所有剧目都无法比肩的记忆犹新。跟马戎戎初次见面是在学校附近的小新咖啡，春天的午后虽然还有些寒意，却好像被阳光驱散了，她觉得“阿姨”这个概念很有趣。《阿姨》中的“阿姨”指的不是清洁工大妈，也不是你家里的七大姑八大姨，而是一种对“大龄剩女”的特殊称呼。虽然沿用刘亮延导演带来的音乐，但是所有故事都要从零生发。在当时那个年代，“剩女”是个刚流行不久的词汇，我们希望挖掘出不同角度的看法，她们的爱情，她们的前史，她们的社会身份。而谷旻雯，我们当时叫她老谷，刘亮延导演带我去她家里见面，那是一个张自忠路路边的小平房，像是老四合院的一个部分。老谷很酷，跟普通的女孩不太一样，性格很豪爽，创作很暗黑，就像她的家里一样，几乎没有一样亮色调的物品。但老谷本身并不暗黑，反而很爱笑，是很坦诚而走心的那种大笑，指尖夹着她自己卷的香烟，身边伴随着一只我行我素的黑猫叫“猫子”。我们在不同主创身上，能够看到对于“阿姨”的不同理解。当然并不是所有主创都对“大龄剩女”有足够共鸣，对于一个初出茅庐的制作人，可以选择的主创并不多，更何况，对于一部音乐剧，并不是所有主创都可以通过学校的师哥师姐解决，比如编舞，这是当时只有 21 岁、一直在戏剧学院念书的我毫无涉猎的行业。还好即便当时没有万能的朋友圈，“朋友圈子”也一样可以帮忙。2008 年在国家大剧院实习的时候，认识了北舞研究生毕业的张昊，他当时就职于大剧院的艺术教育部，同样毕业于北京舞蹈学院研究生的范东鹏，就是通过他的介绍相识的。范东鹏是《阿姨》所有主创当中，后来合作最多的，自然成了很好的朋友。当年初次见他是我和苏茂洋一起，在世贸天阶中间的那个咖啡厅，那天晚上范东鹏戴黑色框架眼镜，却盖不住一脸英气。后来的几年，每次见到越来越发福的他总要嘲笑一番。《阿姨》不仅仅是我和世纪华鹏的第一部作品，也是他毕业后的第一个工作。我们在彼此最稚嫩的时候相识，后来一路见证对方的成长。如今他已经是国内各种大型演出的著名编导，包括 2017 年央视春晚的凉山分会场。

尽管所有的主创在前期都还算沟通顺利，但不可否认，当时的自己非常菜鸟。比如，由于当时的北京小剧场还不像现在这样遍地都是，所以尽管项目启动之初我就知道要尽早敲定剧场档期，但是一路受挫，直到当年六月份，女主角已经确定了台湾歌手林晓培，剧场还是迟迟没有着落。箭在弦上，万事俱备。如果按照现在，即便剧组班底已经码好，但没有合适的剧场档期，我完全可以将计划延后，甚至整个项目暂时搁浅。可当时不行，人生中的第一个项目，硬着头皮也要上。小剧场的档期有问题，唯一的出路是改到大剧场上演。家门口的中戏实验剧场，刚好在十一假期期间有档期，并且也同时联络到解放军歌剧院的十月空档。于是最终敲定首演六场，两个场地，每个剧场三场。现在回首简直无法理解，是如何制定下来需要两次拆装台这样的坑爹计划。

排练期间才是真正到了矛盾爆发期，我们从雍和宫附近的天音排练场，辗转到南二环的某个健身房的空场地，从对剧本边排边改，到编舞和导演由于意见相左而大打出手，再到林晓培由于第一次出演舞台剧，演哭戏哭到情绪无法自控。不仅仅创排环节几度差点陷入到无法继续下去的窘境，排练场以外，也一样是处处阻力，包括演出场地换到大剧场之后，整个场地舞美灯光预算暴增，相应对宣传的需求和压力也成倍增加，而同时，票房却持续走低。

后来伴随多年的失眠顽疾，就是起源于当时。

首演当天，我一个人躲到后台不敢看，甚至不敢让自己听到舞台上的声音。由于时间紧张，首场演出其实算是真正意义上的初次联排，只能硬着头皮见观众。后来听说，果然是技术状况频出，最严重的舞台事故莫过于林晓培在其中一处暗场转场时，不慎从两米高的台子上摔下，因为过度疼痛，她在舞台正后方动弹不得，也无法大声呼喊，由于是暗场时发生，摔落时无人看到，侧台的工作人员四处寻找，导致那场的转场耗时五分钟之久，观众已经忍不住鼓掌催场。

《阿姨》的整个过程，有太多不堪回首的往事。

演出后我甚至想找个地缝钻进去。但世界不会忘记你。我听到很多流言蜚语，其中不乏很多幸灾乐祸、落井下石之言。直到多年后我还听闻有关于我当年赔了家里 260 万的传闻，对于如此详细的不知从何而来的数字有些哭笑不得。

《阿姨》在第二年年初还是坚持做了改版，在海淀剧院完成了最后三场的演出。那一次女主角已经换为中戏师姐张琼。而在首演时坚持演出六场的林晓培，由于当时没有微信，没有流行的这些社交应用，后来就再无音信。由于其他人都能联系到，所以对于晓培姐的想念好像更多一些。对于人生中第一位合作的明星，当年在见她前，我还特地买来她当红时的演唱会 CD，很多歌曲现在还会在我的播放器中出现。像很多人一样，我也对晓培姐的一路走来，有些唏嘘。曾经凭借《烦》《心动》唱响两岸，多张唱片中也不乏金曲，嗓音具有极强的辨识度和爆发力，但后来因酒后撞人事件一路跌向低谷。直到那次合作时，她依旧有之前事件的阴影，偶尔情绪不稳，容易陷入负面情绪当中。但是她谦逊、和善、可亲，却是让我非常难忘的。由于之前极少来大陆，有一次她在车上看到马路上等红灯时，别的车上有人下车，吓了一跳，睁圆了眼睛说："啊？这样也可以的吗？"北京的一切对于她都是新鲜的。她也像一个新生儿一样，一直保持着一颗单纯直率的赤子之心。

2009 年的整整一年，几乎都是在《阿姨》中度过的。那一年我 22 岁，刚刚正式步入社会。第一部作品，五味杂陈，感慨良多。

那次的不得志或许是好事。因为正是那次的不得志，我才想要在哪里跌倒在哪里爬起，我想用同一件事证明自己的能力，所以，才有了后来的第二部、第三部，所以，才从最开始"只是想做一部戏"，慢慢的，不知不觉，就变成了"创业"。

关于《李雷和韩梅梅》带给我的一切

《阿姨》之后，一边不死心地准备后面的作品，一边给别人打工。虽然自己认为第一部作品有很多不堪回首之处，但值得庆幸的是，毕竟通过这一次，给了自己极大的历练，由于独立制作过大剧场音乐剧，我离一个成熟的制作人又近了一些。2010 年春节回京后，相继参与到两部剧目当中。一部是由田晓威导演、朱珠编剧、伊扬和朱珠主演的《昏了婚了》，而另一部，是那年北京的大隐剧院刚刚开业不久出品的新戏《别折腾》，我去担任制作人，说是制作人，但因为上面有公司管理，在我进入前导演编剧又都已就位，所以落在我身上无非是些管理和统筹的工作，跟自己独立制作相比，简直是个闲差。借着有些许的空当，一边修整状态迎接毕业，一边准备论文。更重要的是，在那年年初的春节期间,《李雷和韩梅梅》就已经在脑子里生根发芽，挥之不去。

《阿姨》后的最低谷，在 2010 年的春节前夕，跟朋友聊起“李雷和韩梅梅”时，回想在校内网上看到的帖子，回想起当“李雷和韩梅梅应该结婚了吧”几个字出现在眼前，浑身鸡皮疙瘩、记忆翻涌的感觉，我觉得就是它了，一定可做，而且非常有得做，那种冥冥中认定一件事情，而且好像有神明指引的感觉，非常奇妙。

那年的整个春节，就变成了不是在放假，而是在调研。

“李雷和韩梅梅”是人民教育出版社 20 世纪 90 年代初中英语教科书里的两个主要人物，2001 年改版后不再出现。使用该版教材的人包括从 1980 年到 1989 年出生的上亿人（除了上海等试点城市）。2005 年以后网络出现了集体回忆李雷和韩梅梅的相关内容。2008 年,《南方周末》把集体回忆李雷和韩梅梅的现象上升到社会学高度，认为这一现象属于集体记忆，使得话题升温。2009 年，又出现了同名漫画与同名歌曲，同名漫画由出木杉太郎创作，万卷出版公司出版，同名歌曲由徐誉滕创作并演唱。

2006 年 8 月，一名叫做“xiaxiuxie”的网友给书中的主要人物都排了一下星座，想来应该是个女生。不过这篇文没有流传下来。简单介绍一下：李雷，狮子座；韩梅梅，巨蟹座；林涛，处女座；Jim，水瓶座；Kate，双鱼座；Lily&Lucy，天秤座；Tom，射手座；Ann，金牛座。

而包括网络上众多网友撰写的关于李雷和韩梅梅长大后的小说，我也全部都仔细阅读过。

关于话剧《李雷和韩梅梅》的策划书也是我从业以来最用心的一次，不是 PPT，而是电子杂志。是在那年春节后回到北京，用了整整一周的时间做出来的。当时最笃定的是女主角的扮演者——蒋小涵。第一，蒋小涵作为在 80 后人群中知名度极高的童星，与该剧“80 后集体怀旧戏剧”的概念完全契合；第二，她从曼彻斯特大学回国后参演了多部舞台剧作品，可见其对于戏剧舞台充满热爱；第三，从形象上来说，发型、脸型、好学生的气质，与课本中的韩梅梅形象完全契合。结合以上三点，蒋小涵是韩梅梅的不二人选。当然，当时的我并不认识蒋小涵，也没有半点接触，关于这三点，也都是自己的观察和调研得到的结果。

当时刚好通过《昏了婚了》结识了田晓威和朱珠。初次见二人还是在《昏了婚了》出品人的介绍下，在北京人艺对面胡同的一家快餐店里。当时大家都还不知道，那次合作以后，我们的名字会那么多次出现在同张海报当中。田晓威是中戏2000级导演系的师哥，而朱珠是小他一届导演系毕业的，二人在毕业后才恋爱继而结婚的。晓威当年是一头长发，魁梧高大，掩盖不了有点像陆毅也有点像严宽的帅气的脸。后来他的同班同学刘露跟我说，晓威当年入学的时候，颜值绝对是校草级的。我好像跟导演系2000级特别有渊源。在学校时，校内跟组的第一个戏是导演系2000级当时正在读研的周申、刘露执导的《朱丽小姐》，他们也是后来电影《驴得水》的导演，更巧的是，2008年，刘露和同寝室的萨走到一起，直到现在，结婚已经七年，大家常常聚在一起；而在校外，我第一次做执行舞台监督，是话剧《我不是李白》，同样由导演系2000级的黄凯执导；后来跟田晓威更是结下不解之缘，从《昏了婚了》开始，连续合作了五部剧目；再到后来，《栀子花开》的导演张慧，同样也是他们同班的才女。大家也常常说，导演系2000级，占据了当今戏剧导演的半壁江山。

通过《昏了婚了》与晓威、朱珠成了好友，所以顺理成章，他们成为了当时我正在酝酿当中的《李雷和韩梅梅》的编剧，再后来，他们就又顺其自然地成为了《李雷和韩梅梅》的导演。

我还记得第一次看到剧本那个晚上，是在一个快捷酒店里。因为那天家里停水，我一个人坐在狭小的桌前，一口气读完三万字，读到王叔叔的遗言那一段，泣不成声：

我不可能骗你们说，我到了另一个世界，还会保护你们，祝福你们，因为没有一条科学理论可以证明有天堂或者地狱的存在。我死了，就是死了。最近我的心脏常常罢工，好像真的要超负荷了，所以我就趁着自己还有力气，早早地给你们写下这封信。只要你们能齐心合力把这城堡修好，就会看到我最后的这些唠叨。孩子们，我无儿无女，在这所学校，这个只属于我的小房间里，做着一些异想天开的发明。正是因为有了你们，我的生活才不那么寂寞。你们在社会上摸爬滚打，我帮不上你们，你们不小心跌倒了、闹掰了、分开了，我也不能拉你们一把。别怪我啊孩子们，对于社会上那些规则、礼数，Unlce Wang和你们一样，都是门外汉。我帮不上忙，更不懂得该怎么替你们出谋划策，所以我就在这个小房间里，一躲就躲了这么多年。每逢过节，Miss Gao 总会给我送饺子来，然后跟我聊聊你们的近况。无论成功还是失败，我都希望你们不要对生活失望，更不要对自己失望。对了，上次你们走得匆忙，把 Polly 留在那儿了，它一直大喊大叫的，我就把它带回来了。它呀就是太爱说话了，肯定还记得上次你们丢下他的事，这个小家伙，你们哄哄它就好了。最近老是想你们的样子，都快想不起来了，年纪大了，脑子也不好使了。有时候也会后悔，后悔自己怎么没找个老伴，过一过跟以前不一样的生活。人老了，才会想到改变自己？可你们不一样，不要像我到老了才知道后悔；现在想做什么就放手去做吧，什么时候都不算晚，哪怕再错一次。你们年轻，有的是机会犯错！还有，李雷我应该跟你道歉，上一次在千禧年，跟你说的那个百分之七十二，是骗你的。按照我的推算，你连百分之零点一的机会都没有，想追到韩梅梅恐怕得等到再下一个千禧年。但是你行动了，并且成功了。所以一切的概率只有两种可能：就是行动与不行动！真的没有力气啦，又开始疼了……孩子们，最后我还有一个小小的心愿，就是希望你们把我的骨灰撒到银河里！谢谢你们……

是的，它戳中了我最主要的两个痛点。第一，80 后所经历的，是变迁最快的时代，这也是后来有社会学家研究为什么 80 后如此年轻就出现了深厚怀旧情怀的原因之一。世界变得太快，人们走得太快。太多人，走着走着就散了，我们太容易就“不小心跌倒了、闹掰了、分开了”；第二，则是对梦想的坚持，“千万不要老了才知道后悔，现在想做什么，就放手去做，你们还年轻，有的是机会犯错”，只要还有梦想，从什么时候开始都不算晚。这其实是我一直希望传达的价值观。只有行动，才有可能。

后来蒋小涵说，她当时决定参演，触动她最深的，也是这段台词。

《李雷和韩梅梅》在前期筹备期，可以说就占据了天时、地利、人和各个要素。除了主创、剧本，最重要的还有演员。我忘了是跟谁要到蒋小涵的电话，直接冒昧地打过去，当时是在大隐剧场的露台，她在电话那头表现出了对于题材和角色浓厚的兴趣。后来经过一次见面，彼此也非常认可。然而当时已经确定了首演时间是 11 月份，剧场档期已经早早签订，刚好跟她要接拍的一部电影撞期。在那之后的两个月里，我根本想不出其他适合韩梅梅的演员，更加没有去跟任何人接洽。两个月后突然接到蒋小涵的电话，她的电影由于台风原因延期。电话的两端，洋溢着难以言表的喜悦。

而李雷的扮演者伊扬，则跟朱珠、田晓威一样，要从《昏了婚了》说起。第一次见到“老艺术家”是在天通苑《昏了婚了》的排练场，后来我们都叫伊扬“老艺术家”。的确，对于从小每期买《当代歌坛》、每期都追综艺节目的我来说，对这位曾经唱着“GO GO GO，噢嘞噢嘞噢嘞”的阳光偶像太熟悉了。小时候爸爸每天送我上学，由于路上很远，车上放的那盘“XX 年度金曲”合辑磁带我每天至少要听上一遍，其中就有伊扬的那首《电话情思》。

伊扬和朱珠、田晓威之前合作过一部话剧，所以那天面前的三个人已经热络之极，俨然是多年的老朋友，当朱珠和晓威把我介绍给他的时候，他也同样是笑容灿烂，他脸上洋溢的热情，像极了他当时开的那辆红色马自达，跟当年他 38 岁的年纪完全不符。要知道，对于一个 23 岁的社会青年来说，38 岁绝对是个遥远的数字。后来对“老艺术家”的个性越来越了解，以至于看到朱珠的剧本初稿，我就问她，这李雷是照着伊扬写的吧？幽默阳光、爱开玩笑，有一点点对世俗的叛逆和“原谅我这一生不羁爱自由”的个性魅力。我不记得当时朱珠的回答，但是我们都知道，伊扬的确非常适合剧本中的李雷。后来，由于和“老艺术家”通过《昏了婚了》已经有了彼此的了解和默契，对于《李雷和韩梅梅》的合作也是一拍即合。

那一年，除了受聘参与制作的《昏了婚了》《别折腾》，在《李雷和韩梅梅》之前，我还有一部独立制作的剧目，在后来并不常常被提起，是跟大我一届的导演系师哥杨钧儒合作的穿越喜剧《初恋是个仙儿》。的确，在《李雷和韩梅梅》之前，我一直处在作品方向的迷茫期，在不同作品类型上做了很多尝试。《初恋是个仙儿》则是在当年最流行的小剧场喜剧上的尝试。首轮演出12场，票房不到两万元。面对作品不错的质量和获得票房的反差，让我反思“口碑”到底如何才能作用到市场票房。所谓“口碑”，有个前提，是观众已经走进剧场。但是作为一部非知名机构出品、没有知名主创参与，更没有任何噱头的剧目而言，这个前提已经成为很难逾越的障碍。

没有观众，何来口碑？后来很多人常常说我是个“营销先行”的制作人。或许是曾经在《初恋是个仙儿》那部剧目上留下的伤痛太深。

作为另一个极端，有着80后集体记忆符号这样天然优势的《李雷和韩梅梅》，则是在宣传之初就引起了强烈的关注，甚至有媒体主动在朱珠的微博私信鼓励说，《李雷和韩梅梅》作为一个极易拨动观众敏感神经的题材，或许是把双刃剑，一方面，容易调动观众胃口，而另一方面，观众由于期待过高而很难满足。100个人心中，或许有100种李雷和韩梅梅。

对于《李雷和韩梅梅》的首演，我居然印象很模糊，好像记忆又在跟我开玩笑了，这个对于我的生命至关重要的一部剧目，2010年10月3号，日期我都记得清清楚楚，画面我却记不起来了。

也许是当时开场时我自己也在台上？由于剧本中有两个高中生串场角色，只出现了几分钟，为了节约成本，就由我和执行制作翟羽佳客串演出，角色虽小，但毕竟在一开场，又有几个喜剧包袱在身上，所以每次上台前还是紧张到手脚冰凉。

抑或是一直在后台忙着换景？之前好几年做舞台监督工作养成的习惯，加上当时还没有真正自己的团队，我自然是一人多用，除了上台客串，每次换景为了解决人手不够的问题，我也跟演员和工作人员一起搬桌子撤道具。虽然在排练场每次联排就已经分工清晰，反复练习，还是容不得一点差错。客串、换景、照顾演员，首演全程我的全部精力都在后台。或许这也导致了我的脑海中，并没有关于首场演出时从观众席的视角看到的舞台画面。

再或者，是蒋小涵当天一大早就给我打电话说，可能晚上会失声。她前一晚突发扁桃体炎，当时电话里的声音微弱极了。当天下午所有人都惊心动魄，特地给她戴了耳麦话筒。晓威是典型中戏毕业的传统戏剧导演，平日都是坚持演员只要能不挂麦，就不挂麦。但对于那一天，能演下来就不错，大家并没有多余的精力去要求更多。

从第二天起，票房一路走高，首轮演出一共 11 场，每场 572 个座位，到第一个周末的时候，后面几场的票几乎售罄，我们已经在准备 12 月趁热打铁进行第二轮加演。

同时，每天我都会接到来自不同城市演出商的电话，全部是对于春节前巡演的邀约。巡演这个词，还是第一次走进我的职业生涯。之前它只存在于上学时的国际巡演课上，那些 PPT 里面的异想天开。来自徐州、广州、沈阳、昆明等等城市，甚至包括一些我没听过名字的地方，有要两场的，有五场的，还有要全省代理十场的，对于我的报价，统统不还价。我一方面感慨于我国的幅员辽阔和市场繁荣，一方面是无法掩饰的窃喜——我们红了！

一天演出前，在剧场前厅吃盒饭，我跟饰演 Miss Gao 的潇文姐开玩笑说："一切来得太快了。"这句话她一直记到现在，好像那句话是可以代表我们当年火爆程度的缩影，那是只有一起经历过的人，才能感同身受的光荣岁月。

"一切来得太快"这句话背后，也透出了一些对于眼前成功的准备不足，随着大量的巡演邀约，问题也来了。由于事前没有想到在春节前会有巡演的安排，我并没有留出主演的演出档期，伊扬要在 12 月结束北京二轮加演后，马上进行

《昏了婚了》第二轮的 19 场演出，而蒋小涵在一月有很多电影频道的春节节目要提前录制。对于各地方春节前档期的邀约，我们的首演版演员几无可能。尽管有些城市可以接受 B 组主演，但是由于我们在之前并没有排出 B 组演员，眼下现去抓人排练和演出，显然为时已晚。由于我们事先并没有做好首演后马上进行巡演的准备，因档期而推掉大量受邀演出机会，我们错失的利润至少在 70 万以上。

对于一个很年轻便自己创业的人来说，没有人给你引路，所有的成长都要用自己的路、自己的血泪来换取。通过《阿姨》，我知道要相信自己的判断并始终贯彻；通过《初恋》，我知道营销和内容同样重要。但是这些才刚刚勉强给予了我将《李雷和韩梅梅》成功制作出来的营养，而对于日后的巡演，前面的四部戏，全无涉猎，我的经验里面一片空白。

那次错失重要机会得到的教训，是我必须要通过将《李雷和韩梅梅》走一遭的。

再后悔，也只能打碎牙齿自己咽。

不可否认，像我在很多场合曾经说过的,《李雷和韩梅梅》带给我的众多影响中最重要的，是对于我个人以及公司的转机。经过前面的两度惨败，在将《李雷和韩梅梅》前期我的确跟自己说，如果这次，在天时地利人和都已具备的情况下，依旧不成功，那么或许上天没给我这碗饭吃，我不会再做无谓的抗争，我会彻底放弃。可是将《李雷和韩梅梅》成功了，我不敢说他在艺术上有多么高的成就，但是作为一部商业戏剧，它所得到的大众口碑、社会影响力和票房价值，将我从谷底托回到离梦想很近的地方。

除了在经济上的带动，让我和公司起死回生，并且靠着将《李雷和韩梅梅》带来的现金流，让公司在后面两年的时间里得以运转。更重要的，是在作品方向上的确立。

在当时，戏剧市场已经形成初步的类型细分，以孟京辉为代表的先锋戏剧、以人艺和国话为代表的经典戏剧、以开心麻花为代表的喜剧，等等。想要在市场上立足，我必须找到自己在市场上的切入点和立足点。先看看自己，有什么跟别人不一样。

老师说“要想打动观众，首先得打动自己”。的确，在前面的几部作品当中，只有将《李雷和韩梅梅》当中传达的青春的成长和无奈、对梦想的坚守和对现实的妥协，是真正打动我们，并且最有创作欲望的。

对于“青春”类型的确立，原因有三个：首先，通过几部作品的试错过程，对于市场和我们自己所擅长的领域已经具备一定了解，主打青春牌的《李雷和韩梅梅》在市场上收获的强烈反馈，让我们看到契机；其次，作为如此年轻的创业者，“青春类型”最符合自身基因；再次，“青春类型”在当时是戏剧市场细分中的空缺领域，但其实“青春类型”可以囊括的作品题材非常多，就像电影行业当中，“青春”早已是大的类型片之一，其中包括残酷青春、青春偶像、怀旧青春、校园搞笑喜剧，等等。这一切让当时的我看到，“青春”这个大类型在戏剧市场的未来，“青春”一定大有可为。

因此，从这个层面来说，无论对于我、世纪华鹏，还是 Rainbow 戏剧，都是通过将《李雷和韩梅梅》，第一次奠定了未来的发展方向。

后来的几年，将《李雷和韩梅梅》进行保利院线巡演，并受邀走过了很多城市，大家一起，从南走到北，从春走到夏，不仅为世纪华鹏打开了全国的合作资源，开启了与保利院线后来连续五年的巡演合作，所有人更在几年的朝夕相处当中，成为了如同家人一样的密友。这样的关系一直持续到今天。

2016 年夏天，我们特别制作了《李雷和韩梅梅》的六周年纪念版。六年后，所有人把自己在各自领域累积的成长，重新带回给同一部戏当中，并在这个过程中，迎来了它的百场纪念。

从 2010 年首演，到 2016 年的重新聚首，《李雷和韩梅梅》的名字刻在了每一个剧组主创的生命里，更成为了世纪华鹏在初创时期，最重要的里程碑。

《李雷和韩梅梅》幕后的酸甜苦辣

伤病事件

即使一支再强大的部队也无法免去伤病忧虑，更何况我们。当时，没有一个角色有 B 组演员，这就意味着，要保证演出，不允许有任何一个人有意外发生。因此下面几个事情发生当时我们每个人都差点束手无策，但到最后都化险为夷，每次在大家携手走过困难后，团队感情都更加深厚，现在看来反而要感谢那些磨难，才造就了现在的《李雷和韩梅梅》剧组。

首演前蒋小涵接近失声，伊扬腰伤复发

11 月 3 日，首演当天早上的那个“惊魂电话”若是放在现在也是让人难以消化。蒋小涵：“鹏飞，我好像说不出话了。”残余的睡意霎时驱散，平日里被人认为无论面对什么问题都处变不惊，至少表面上面不改色的我也无法控制地从床上弹起，脑子里瞬间闪过在最坏情况下的 N 种解决方案。幸好了解情况后发现好像并非我想得那么严重，但小涵的确声音微弱，只能从嗓子里挤出声

音，但还算表达无妨。在正常情况下，我们演出用的音响扩音设备多是舞台上方的吊麦，以及地面的地麦，即使在后期1800人的大剧场也是如此，这样考虑，一方面是出于专业习惯，也许是接受话剧传统熏陶的原因，总觉得真正的戏剧是不该通过胸麦扩音的，会严重缺失现场感；另一方面，则是这部戏的特殊原因并不适合佩戴胸麦，由于其中的很多情景涉及两名演员的身体接触，例如拥抱、拉扯衣服等，若是佩戴近距离扩音设备较为容易产生不该有的噪音。然而时下情况如此，蒋小涵的声音已经完全无法达到正常音量，挂上小涵的电话，我和田晓威导演沟通后，最终决定只能给她自己临时佩戴胸麦，辅助扩声。

而另一方面，在即将临近演出的最后几日联排过程中，伊扬腰部旧伤复发。伊扬的腰早在《昏了婚了》时就已经由于其中抱起女主角的戏而拉伤，导致几日无法正常行动，于是此次临近演出时的再度复发让大家紧张不已，幸而不如上次严重，尚且可以正常演出，但很多规定动作和调度只能从简演绎。

男女主角的带伤演出无非让我们所有人不禁为之捏了把汗，使本身就是初见观众的首场演出让人觉得愈发紧张。最终首演顺利完成，才让大家觉得算是首战告捷，然后现在回想起来，跟后来的种种境遇相比，当时的情况只能算是一个小小的考验。

蒋小涵右手撕脱性骨折

2010年11月12日，首轮演出的倒数第三场，演出过程中如往常一样平安无事、反响火爆。结束后听闻后台人员说，蒋小涵在李雷和韩梅梅分手那场戏中由于撕扯，右手撞到伊扬背部，感到不适，打算和助理一同前往紧邻剧场的朝阳区第二人民医院做检查。于是剧组其他演员和主创也一起陪同，当时看起来伤势并无大碍，大家都以为是简单拉伤，到普通医院看一下应该就可解决，也做到有备无患。结果在拍片后医生的建议已让我们觉得大事不妙，“建议到专门治疗骨伤的北京积水潭医院就诊”。积水潭医院位于西二环，与当时演出剧场的位置还有一段距离，于是让其他演员和主创先回家休息，只剩我和田晓威、朱珠夫妇还有 Polly 的饰演者壮博雄以及服装设计小呓几个住在西城的人跟随前往。

赶到积水潭医院时蒋小涵的父亲也已经到达医院。检查出的结果大大超出我们的预料——右手拇指撕脱性骨折。撕脱性骨折，还是我第一次听到的名词，听到名字时已经让我的心里凉了一大截。医生的建议是右手必须用夹板固定，并且周期需要三个月才可拆除恢复。

从一名制作人的专业素养和良心来说，我已不忍心让她在这样的情况下继续演出，如果此时她本人提出放弃演出，无论于情还是于理，都是再正常不过的。然而剩下的演出是首轮的最后两场，也是首轮演出的最后一个周末，换句话说，票已经几乎售罄，若是此时因女主角伤病又无 B 组演员可以代替而只能选择停演退票，不仅退票过程繁杂，在演出圈传出去，更是对这部戏后面的演出不利，尤其在首轮演出最受关注之时。

不能否认当时我的内心倍加纠结，想必当时在场的田晓威导演亦是如此。但最终不仅我和田导及当时在场的所有人，包括不在场的一直通过电话关切情况的其他演员和主创也一致希望小涵停止演出，以免对日后的健康造成影响。

然而当时蒋小涵和其父亲都认为并无大碍，一再坚持可以继续演出，只是在右手戴夹板的情况下，恐怕会影响很多演出调度，也会对其他演员和换装速度造成影响，还希望大家一起想办法看如何克服。我们虽然心疼小涵，但大家知道如果能不影响其骨折恢复，又可让最重要的最后两场演出正常进行，是最好的结果。当时时间已经接近凌晨 2 点，要做的就是需要田导和我及朱珠连夜商量如何调整调度，克服换装速度慢等问题。这意味着所有与韩梅梅右手相关动作的舞台调度都要受到影响。

虽然可勉强保持继续演出，但我们必须做好若是由于演出质量受损而导致部分观众不满的打算。于是我连夜联络当时的宣传统筹郭新年，在第二天一早向各大媒体发出新闻稿，发布若由于不满演出效果可无偿退票的消息。

蒋小涵受伤后，Rainbow 戏剧官方微博发布可无偿退票，并于当天在各大媒体说明此事：

@Rainbow 戏剧特别声明：话剧《李雷和韩梅梅》12 日演出中，蒋小涵由于右手挫伤导致右手撕脱性骨折。13 日、14 日首轮最后两场演出将正常进行。但由于其右手无法正常活动，演出效果将受到部分影响，包括部分调度无法完成、换场时间较长等。特此声明，当场观众如在演出结束后因此而对演出效果产生质疑，可提出退票申请。

转发 (18) | 评论 (7) 2010-11-13 02:35 来自新浪微博

最后的两场演出顺利完成，不仅无一观众提出退票，反而演出效果超出平日，也许观众也都被其专业的敬业精神所折服，同时其他演员由于经此意外，演出过程中也愈发出色，最终，首轮的最后两场演出结束时已是创下一票难求的叫好又叫座的票房佳绩。

蒋小涵带伤演出后发布的微博：

@ 蒋小涵：亲爱的朋友们，你们的关心和祝福令我极为感动，在此诚挚并反复地叩谢大家。今晚，我已和我负伤的右手并肩作战，顺利完成了演出。形体表达虽受限，情感表达却一如既往地酣畅。谢谢《李 & 韩》剧组的每一位成员，愿我们永远如家人般相亲相爱。谢谢前来观演的观众朋友，谢谢你们的宽容与理解，欢笑与泪水。

转发 (21) | 评论 (67) 2010-11-14 01:41 来自新浪微博

张乃天中风致局部面瘫 导演田晓威连夜剪发顶替

第一轮的火爆过后，我们马上将加演计划提上日程，但由于剧场档期原因，只能在12月7日至12日期间加演六场。却未曾想到又添新状况，演出的第一场，重要角色也是极其出彩的角色——林涛的饰演者张乃天来剧场时提到自己前一天晚上不慎有中风症状，面部肌肉有些受到影响，类似情况在他少年时曾出现过。7日、8日的演出乃天都是在坚持，8日他到现场时就已经明显比前一天更加严重，不仅左半边面部几乎无法做出表情，连爆破音也已经发不清楚，当天他坚持演出结束后，依旧表示自己并无大碍，但我和晓威知道，已经不能再让他硬撑下去，否则延误病情甚至会影响日后的恢复。可是，没有B组！身材上和张乃天最相似的，只有导演田晓威，也只有他最熟悉整个戏的调度。只有田晓威。12月9日，田导来到现场时已经剪掉了一头长发——从我们认识他那天起，就一直有的一头长发！听朱珠说，他昨晚一直连夜临时备词，拉着跟林涛对手戏最多的魏华的饰演者朱珠反复练习对手戏调度。9日演出前的那两个小时，气氛甚是紧张，田导一直不断地练习抢装，并让舞台监督反复记录抢装时间，同时不停地和其他演员在台上适应调度，练习舞蹈动作，所有人也为之紧张不已。当天恰好赶上央视新闻频道《朝闻天下》节目来现场采访，却不巧是大家最紧张忙碌的时候，毕竟要临时更换演员，哪还有人在乎采访，都在紧张地配合临危受命的田晓威走台以确保当晚演出，采访时几个人都是强掩着忧心忡忡，后来看到播出才发现，田导接受采访时头上还有一撮“冲天发”，当时竟也无人发觉。

那天演出的两个小时，台前幕后都捏着一把汗，乃天在侧台紧紧盯着台上的神情我现在还深深印在脑海里，好像自己还在台上表演一样，时时跟着暗暗用力，也唯恐台上临时顶替自己的田导出了什么差错。演出顺利结束。谢幕的时候我在下场口的侧台已经忍不住眼泪，隐约看到对面上场口侧台准备谢幕的范潇文和其他几个工作人员也已经是泪流满面。每天谢幕后都由饰演JIM的王闯负责介绍演员，那天谢幕鞠躬后，王闯接过麦克风时却已经几度哽咽到说不出话，最终还是由临危不乱的“老艺术家”伊扬拿过话筒完成了介绍演员的工作，并把原林涛的扮演者张乃天请到台上。那一刻，台下掌声阵阵，我看到很多观众也泪眼婆娑。那一天，我们忍着眼泪，用演出告诉观众，我们可以，80后，可以。

@Rainbow 汪鹏飞：当演出时 @ 乃天：话都说不清楚地撑着演完全场，我担心他瘫倒在舞台上，他乐观地对我们说没事。可是我们看着他是那么心疼！当谢幕时 @ 演员王闯：泣不成声！当我看到对面 @ 范小粉：泪流满面！我爱这个剧组！我泪眼朦胧地看见 @ 田晓威：在担心下一场要怎么样。我知道，我终究离不开这舞台，我爱你们《李雷和韩梅梅》！

删除 | 置顶 | 转发 (5)| 收藏 | 评论 (6)2010-12-10 02:21

那天之后，“林涛”竟这样被硬生生地逼出了一个 B 组——导演田晓威。乃天终于可以安心养伤，乃天的面部表情整整恢复了几个月才慢慢好转，很长一段时间内若是熟悉的人观察，依旧能看出表情有异于从前。现在想来，当时乃天带病却死撑着要坚持演完全程，幸亏是剧组为其日后康复考虑百般阻挠，也幸亏了晓威的连夜救场，才没有让乃天的病情过于严重。

选角历程

两个韩梅梅、三个李雷的故事

第一轮演出前，说实话在当时并没有想到在那么紧张的情况下为主要角色排两组演员，因为对于日后如此火爆的演出反馈和市场需求当时是想都不敢想的。然后首轮演出后，便马不停蹄地准备二轮加演，虽然当时已经开始意识到

蒋小涵、朱哿

伊扬、徐岑子

徐岑子、朱哿

刘智扬、徐岑子

排另一组主演的必要性，尤其是在蒋小涵临时受伤后，然而在时间上已经没有让我们排另一组的机会。以至于到了十二月中旬，第二轮演出结束后，我们依旧只有一组演员。当时临近年底的全国演出旺季，又是《李雷和韩梅梅》作为一部新戏在风口浪尖的时候，霎时间，几乎每天都能接到来自全国各地演出商的邀演电话。然而临近年底，春节前同时也是作为节目主持人的蒋小涵最为忙碌的时候，因为要集中录制多期节目，加之当年她还在与买买提一起排练春晚参选小品。于是，在众多城市的邀演中，我们因为演员时间问题推掉了绝大部分，在春节前，只接受了 1 月 14 日、15 日的湖南长沙一个城市的演出邀请。

2011 年春节回来后，下一站的巡演计划是 4 月 15 日、16 日在广州黄花岗剧院的演出，虽然这一站的演出还是可以由伊扬、蒋小涵出演，但是必须趁着三四月份演出淡季，时间较为充裕的时候，解决另一组李雷、韩梅梅的排练问题。

3 月 12 日,《李韩》的片段就即将要参与 CCTV-4《中华情》节目的录制。蒋小涵由于时间问题无法参与录制，也就是说虽然节目片段录制只有半个小时，但是这即将是新版韩梅梅的第一次登台，所以另一组的韩梅梅在当时比另一组的李雷更加是当务之急。我和田导、朱珠春节后刚刚回到北京就开始了新版韩梅梅的面试、试戏。基本都是以中戏的科班毕业生为主。最终出于各个方面的权衡考虑，选择了毕业于中戏 2003 级表演系的北京人艺青年演员徐岑子。《中华情》节目录制前，徐岑子的排练时间只有几天的时间，虽然暂时无需排练全剧，但对于半个小时的片段，徐岑子的排练速度和效果也是惊人的，这让我们对于日后的全剧排练充满信心。

而另一组李雷的任务，则是要在 2011 年 5 月 7 日徐州站演出和六月的北京第三轮演出中登台，于是我们在四月初准备 4 月中旬广州演出复排时就已经把新李雷的选择提上日程。同样前前后后见了很多都是很优秀的青年演员，其中还包括当时由于形象跟英语课本里的李雷差别较大而没有入选李雷，但日后在其他戏中的角色有所合作的魏智、王维申等。新李雷最终落在了李冠明头上，当时就职于广东话剧团，刚刚来北京发展的李冠明对于我们所有人来说都是太陌生的面孔了，他来面试还是缘于他的同校同学、Polly 的饰演者壮博雄的介绍。由于之前毫无接触，对于他之前的作品更无从了解，但是在当时所有面试的人选中，从外形、气质和综合考量他已经是最适合李雷的一个人选。

于是，在四月初的复排过程中李冠明已经进组熟悉剧情、调度，并且在 4 月中旬广州站演出时跟随剧组一同前往现场观摩。本是一切顺利，然而却在接近四月底时出现变动，李冠明的另一部电影作品临时改期，要提前拍摄，与《李雷和韩梅梅》的北京第三轮演出撞期。相信很多话剧剧组都曾遇到相似问题，但因为大家都知道影视剧对演员发展的重要性，所以多数都只能退让于影视剧，当时李冠明在电话里充满愧疚地商量此事，但我从不爱强求于人，若是一定要把他留在剧组，想必也是身在曹营心在汉，日后还要承担遭到埋怨的可能。

临时换角

新李雷再一度进入紧张的全城搜索。这一次，目标锁定了和徐岑子一样来自于北京人艺的青年演员朱哿（原名朱晓鹏）。紧张排练后，朱哿的徐州首次登台非常顺利，而后的北京第三轮演出，由伊扬、蒋小涵、徐岑子、朱哿组成的两组李雷、韩梅梅相互配合达到了很好的效果。

那为什么还会有第三组的李雷？在之前我也始料未及。

"Rainbow戏剧" 《李雷和韩梅梅》

2012年1月、2月 保利院线巡演安排

2012/1/2---3	重庆	重庆大剧院
2012/1/5	广东 惠州	惠州文化艺术中心
2012/1/6---7	深圳	深圳保利剧院
2012/1/12—13	河北 郑州	河南艺术中心
2012/1/16---17	内蒙 呼和浩特	乌兰恰特剧院
2012/2/12	浙江 丽水	丽水大剧院
2012/2/14—15	浙江 温州	温州大剧院
2012/2/17—18	江苏 常州	常州大剧院
2012/2/19	江苏 张家港	张家港保利大剧院
2012/2/21	江苏 泰州	泰州大剧院
2012/2/23—24	安徽 合肥	合肥大剧院
2012/2/26—27	山东 青岛	青岛大剧院
2012/2/28	山东 烟台	烟台大剧院

原应由伊扬、徐岑子、朱哿组成的 2012 年初巡演搭配

2月巡演青岛站，作为青岛人的刘鑫受到当地各大主流媒体关注

2012年年初，话剧《李雷和韩梅梅》与保利院线合作，在一月份春节前就已经走过了重庆、深圳、惠州、郑州等多个城市，一月份的巡演中的李雷和韩梅梅由伊扬、徐岑子组成，当时考虑到朱帮自从接演“李雷”一角以来，参演的场次很少，共计还不足十场，于是安排二月份的巡演由朱帮、徐岑子担纲。

然而又一次遭遇突发状况，北京人艺演员队“整风”，所有有演出任务的青年演员均不可因任何原因请假，而原本有赴台演出任务的朱帮就在其中之列。朱帮由于在剧目中是没有角色的龙套演员，本是已经协调好时间和请假事宜，却因此无所适从，前后与院内协调多次均未有果。朱帮与二月全国巡演无缘。又因二月巡演阵线较长，伊扬无法长时间跟随，只得再寻第三组“李雷”。朱帮由于无缘演出，心存愧疚，也就主动担起推荐演员的重任，期间考虑过几位与朱帮同样是毕业于中戏2004级表演系人艺班、现就职于北京人艺的演员，最终档期合适，又经试戏初步得到导演认可的是青年演员刘鑫（现名刘智扬）。刘鑫的排练进程也一样顺利，并很快融入剧组气氛，与大家共同完成了二月的全国多城市巡演。

Jim 由中国人饰演　王闯、李冠明的染发之苦

对于课本里的外国角色，曾经让大家留下最多印象的无非是 Jim Green、Lucy、Lily 这几个人物，他们是否要出现在话剧中？在故事编写初期，我和田晓威、朱珠就此问题讨论时，发现一个最难解决的问题——演员。Lucy 和 Lily 在课本中是一对双胞胎姐妹，可如果真的要找一对外国双胞胎演员，又要说极其流利的中文，又有舞台演出功底，却绝非易事，于是为了日后的演出能够顺利进行，只能将这对很多人印象深刻的双胞胎忍痛割爱。没有了 Lucy、Lily，那么曾在网络上被网友八卦认为是“与李雷同时追求韩梅梅”的 Jim Green 这一重要角色是必须要在话剧中出现的，然而演员的选择却是一样让人挠头，先后寻觅的几个外国演员或者时间不合适，或者外形过于高大，于是 Jim 的扮演者成了所有其他演员已经确定后却悬而未决的最后难题。时间紧迫，唯一的选择是找一名五官较为立体的中国演员来饰演，幸好舞台剧还有一定的造型空间，于是王闯——这名 Rainbow 戏剧的元老级演员就成了首选。王闯作为我大学四年的同届同学，毕业于中戏导演系表演专业。从入校开始我们就交情甚好，对于他的表演功底自然也是最为了解，他是一名极优秀的专业演员，所以后来我制作的每一部舞台剧也几乎都有他的参演，从最初的音乐剧《阿姨》，到《别折腾》，再到后来的《李雷和韩梅梅》《后青春期的诗》，等等。

王闯

由中国演员饰演 Jim，除了在妆容上要更加突出立体感，头发颜色自然也是要做处理的，对于长时间的北京演出还算好说，在当轮演出前通过挑染完成，但是想达到较浅的金黄色往往要经过好几次挑染过程才能达到，对发质损害很大。而如果是单场演出，例如

节目录制或者外地的单场演出，则没必要特地染发，而是通过彩色喷漆。每次化妆师为王闯喷头发时，都要把他身上严严实实地裹住，只剩一个脑袋，而且其他演员和工作人员一定会躲到很远的地方，因为味道刺鼻，往往要很久才能散去，可想其对头发的损伤程度更不可小觑。

提到 Jim 的饰演者，就不得不提在前面已经说过的曾经因时间问题与李雷失之交臂的演员李冠明。如他自己所说，也许还是和 Rainbow 戏剧有着剪不断的缘分。那次和李雷错过后，Rainbow 戏剧的另一部戏《后青春期的诗》在 2011 年年底二轮加演时，杨泽宇的饰演者再次缺少合适人选，我又一次想起李冠明，如他自己后来所说，当时他完全不觉得自己适合这个在戏里最抢戏的、饰演多个人物、有很多搞笑元素的角色，但由于心里对于之前的事情一直心存歉疚，所以虽自己认为角色不合适，也还是欣然接受了我的邀请。也恰恰是那次在《后青春期的诗》中那样一个与他本人气质有很大差距的角色，让我们看到他其实有更多的可塑性，并且接受新角色的速度很快很强。李冠明参演《李雷和韩梅梅》的 Jim 一角是 2012 年夏天该剧在北京的第四轮演出，Jim 的原饰演者王闯在影视剧拍摄的剧组里，于是 Jim 这个唯一一个仍旧只有一组演员的角色，也不得不面对排演另一组这个老命题。身高与王闯相近，相貌又颇具立体感，又有在短时间内可以拿下角色的能力，在这个要求下我又一次想到了李冠明。加上他在之前准备李雷时已经与李雷和韩梅梅团队有过很多磨合、接触，导演也较为认可，由他来出演第二组的 Jim，总要比找一个完全没有合作过的演员来得稳妥许多。

王叔叔的肚子“有蹊跷”鹦鹉 Polly 戏服成全组最贵服装

剧中王叔叔（Uncle Wang）的饰演者和多数其他角色一样有两组演员的配备，巧合的是这两位都是剧组里的“兼职”，初期王叔叔的饰演者常疆是我们优秀的舞美设计，另一组则是我们的策划、优秀青年演员苏茂洋。说起常疆，

舞美设计 /Uncle Wang　饰演者　常疆

策划 /Uncle Wang(B 组）饰演者　苏茂洋、Polly 饰演者 壮博雄

初次合作也是从话剧《昏了婚了》开始，常疆毕业于中戏 1995 级舞美系，算是全剧组的大师哥了。身为北京京剧院的舞美创作室主任，常疆师哥在舞美设计上功力自然不必多说，经历《昏了婚了》剧后更是成为生活中很好的朋友，但当王叔叔一角挑选演员时，田晓威导演提到常疆师哥，我心里还有些顾虑，虽然常疆师哥的光头和微胖身材在外形上较为合适，但毕竟并非表演系科班出身，是否可以胜任角色？后来才听闻常疆师哥原来已经并非第一次以演员身份出现在舞台，早年甚至还饰演过《小王子》中的“蛇”，我觉得不妨一试。当再了解时却出乎意料地发现常疆师哥在表演上不仅台词很棒，对角色的拿捏也是游刃有余。

而另一位王叔叔的饰演者苏茂洋，毕业于中戏 2003 级表演系，和王闯一样，我们在大学期间已经是挚友，更是从 2009 年开始和我一起为 Rainbow 戏剧耕耘，参与策划并参演 Rainbow 的多部舞台剧，也包括《李雷和韩梅梅》的前期策划。从 2010 年年中开始，苏茂洋就离开北京，在黑龙江拍摄电视剧《知青》长达 7 个月之久，但在此期间还是常常在电话里商讨《李雷和韩梅梅》的很多事宜。

苏茂洋演绎“王叔叔”一角，是从 2011 年 10 月中旬的云南昆明演出开始，当时常疆师哥由于北京工作事宜无法参与昆明站的演出，恰好苏茂洋当时时间允许，另一组王叔叔的任务便落在了他的肩上。但原本剧情中设定的王叔叔身材微胖，身材适中的苏茂洋只能借助外力，当时的服装设计小呓特地为他做了假肚子缠于腰间，加上王叔叔肥大的牛仔背带裤，这才看上去相似许多。

而提到 Polly 这只大鹦鹉，在剧本讨论期间我和田晓威、朱珠也曾经纠结于应该如何体现，和其他人物一样，这只给广大 80 后留下了深刻印象的在课本里常常说着英文出现的鹦鹉是《李雷和韩梅梅》题材不可或缺的元素。真鹦鹉？假的电动鹦鹉？甚至是吊威亚我们都曾设想过，但最终田晓威决定，由真人演绎 Polly。虽然整部戏是现实主义风格，但 Polly 只有真人演绎方可更加融入剧情，避免成为简单的符号。

当时曾有新闻爆出 Polly 的服装制作成本高达上万元，虽有夸张成分，但也相差无几。Polly 全身密度极高的羽毛是由货真价实的经过染色的鹅毛制成，再由手工缝制而成，和展开的双翼、做工细致的头冠、鹦鹉腿脚同时呈现，才有了现在的 Polly 服装。后来经过这个戏多场次多城市的演出周折，羽毛每演一场都会掉落很多，期间又为此修补了若干次。只是，浓密厚实的一身鹅毛着实苦了 Polly 的饰演者壮博雄，每场演出两个小时都不能脱下，工作人员只能趁间隙时间拉下他后背的拉锁，狂涂爽身粉和清凉喷雾方可起到一点效果。记得 2011 年 5 月在徐州的一场演出，当地剧场由于使用空调的时节未到，拒绝开空调，台上聚光灯的高温下其他演员已经是大汗淋漓，当时我们真是为壮博雄会不会晕倒在台上而担心了一番，幸亏壮博雄以前曾是运动员出身，体力和忍耐力都

朱珠

谷悻仪

马千芳

胜过他人，否则若是换了旁人恐怕仅那次的两个小时就已经无法坚持了。

三组魏华　个个性格直率

首任魏华扮演者朱珠，在前面已经多次提及，作为本剧编剧的她，无论从性格、外形或是专业，都是当时魏华这一角色的不二人选，魏华泼辣、直率、敢作敢为，这都和日常生活中的朱珠有几分相似，之前合作的《昏了婚了》中朱珠担纲女一号时出色到位的演技也让大家对她再放心不过。

2011 年年初，朱珠临时被检查出慢性肺炎，医嘱最好不要做剧烈活动或过于疲劳，后面的演出计划自然要暂时另寻他人。谷悻仪，原来的名字是谷倩雯，我们大学时这样叫她，毕业于中戏 2006 级导演系表演专业，和 JIM 的扮演者王闯是同班同学，在大学时曾看过几次他们班的汇报演出，虽然和她本人并不算熟悉，但对于她的表演一直都很肯定。由于王闯与她关系很好，所以也经常听他提起“谷子”，记得在毕业时对她一直很看好，外形和略微有些哑哑的嗓音都有很强的辨识度，个性与众不同却有她特有的性格魅力。毕业后她也一直在参演话剧演出，舞台经验相对丰富。2011 年 6 月的北京第三轮演出开始，她所演绎的魏华一场比一场稳定和纯熟，直到 2011 年年底在贵阳的演出，她由于档期问题无法参演，于是诞生了第三个魏华的扮演者——马千芳。在当年年初第一次找魏华的第二组演员时朱珠已经推荐过她，后来她阴差阳错地与我们合作了当年的另一部戏，同样由朱珠编剧田晓威导演的《不思议的旅程》，通过那部戏奠定下的合作基础，使得当魏华这一角色再次“告急”时，她又刚好时间合适，便首当其冲地被我们邀请到《李雷和韩梅梅》剧组。在贵阳大剧院的演出和后来在北京的第四轮演出，她都圆满完成任务，期待在日后她有更精彩的表现。

排练时光

好脾气田导的大发雷霆

大家开心的时候往往只有田晓威导演不开心。大家常常这样打趣田导，并不是因为田导不能看大家开心，而是他怕大家因为外界的好评如潮而懈怠，从而影响演出效果，让大家苦苦保持的口碑功亏一篑。

的确，田晓威导演是我所见过最认真、最仔细的导演。他认真到事无巨细，每次排练前都要亲自做服装道具切换表，并一遍遍地叮嘱哪些服装和道具要在什么时候进排练场，恐怕工作人员有所疏漏。典型处女座的田导除了事无巨细，还是剧组里公认的好脾气，跟所有人相处永远都憨态可掬、和蔼可亲。正因如此，剧组里所有人都对于那次田导突然爆发的怒火至今还记忆犹新。那是在大屯排练场的一次联排，由于几个月的相处，剧组里演员和主创间关系已经非常熟络，从朋友变成家人，每到排练场总有聊不完的家长里短，每次见面都如同第一次见面一样新鲜，难免在没有自己演出时彼此交头接耳，这或许是演员间彼此交流感情的方式，然而大家却忘记这种“亲密”的表象可能会大大影响排练进程。那是临近演出的最后几次联排，在田晓威导演看来这是最后几次仅有的磨合机会，容不得任何“懈怠”。当时若是有人仔细观察田导的神情，就会发现，他一方面专注于台上演员尽情表达的同时，一方面却已被耳边其他人的窃窃私语声干扰得眉头紧锁，终于突然间骤然爆发，双手拍打桌子，极其大声地吼出:“要聊天的出去聊！”霎时间全场一片肃静。当时田导发火的画面现在想起来是很可爱的，甩着长发，面目狰狞，但对于当时来说，所有人都是第一次见他发这么大的火，于是那一次的全场肃静，保持到了那一遍的联排结束。最可爱的，在联排完总结问题时，田导首先竟开始“自我检讨”起来，跟大家道歉说自己刚才的状态过激，没有控制住自己的情绪。每个人都知道是自己的责任，大家虽然被骂了但看到田导可爱的神情不仅又嘻嘻哈哈起来，同时心里觉得暖暖的，也更深知日后应该如何做。但那次以后，直到如今，大家还是会模仿田导当时的神情和动作来打趣他。每次提起，晓威还是那副让人觉得亲切却最熟悉不过的憨笑神情。

工作人员上演龙套角色　演员笑场无法排练

常常有人问我出演那个在第一幕极其出彩的“娘炮”高中生角色是不是为了让自己过把戏瘾，但了解的人才会知道，当时纯粹是为了降低成本。排练初期对词阶段，剧本上出现“高中生 A”“高中生 B”“工商人员 A”“工商人员 B”等只有几句词的角色，由于没有提前专门找龙套演员，在当时也完全没有必要为了只有两三句词的角色而特地找一个演员来，于是就由我们这几名工作人员客串，毕竟都是中戏毕业，虽然是艺术管理系的学生，但在校时也有表导演基础的课程，惭愧的是连皮毛都算不上，但几句词的龙套也还勉强能应付。

谁知排练时导演将第一幕中两个高中生的角色越加越重，身上很多笑点，甚至对整个第一幕和整个戏的开头气氛有很重要的带动作用。排练时自然也就要多下些许功夫。大家看惯了我平日里严肃平和的样子，突然以一个完全不同的搞笑姿态出现在排练当中，很长时间里完全不能适应，每到我和另一个角色出现，大家便会笑场导致排练无法继续，所有人笑得前仰后合。甚至到很久以后的复排时，每当这段戏有了改动，加了新的表演点，还是常常让大家不得不避开目光才能勉强忍住笑，从而保证排练正常进行。

全组情同手足　不工作时依旧难分离

别的剧组通常看到的景象是，戏结束，只要导演不说开会，所有工作人员瞬间散去。然而《李雷和韩梅梅》是我见过最“奇怪”的剧组，每天演出体力消耗很大，结束后大家该急着回去休息才是，可是剧场门前一堆人的逗留景象却是每天最为常见的。由于剧场要求我们晚上十点前必须离开，于是大家就都在剧场大门外，抽烟的抽烟，聊天的聊天，有时候会有人提议去玩“杀人游戏”，大家便兴高采烈一同前往下一场地，若是没有活动，大家就要聊到有人催着散去，方才罢休。

彼此间聊不完的话自然在日后衍生成了剧组大家庭丰富的业余生活，没事的时候都要找个理由吃吃饭，聚聚会，若是赶上过节或者剧组里有人庆生，那就更会成为近乎全剧组同时聚首的大Party。从2010年年底，直到现在，也还是依旧如此，我常常跟朋友聊起，是什么造就了如此一个和谐和睦、相亲相爱的剧组，最终往往发现似乎已经很难从管理学上得到答案，因为它太难以复制。刚刚好就是这些人，这群气场如此相投的人，这份

朱珠、范潇文、伊扬在剧场门前

刚刚好，使《李雷和韩梅梅》对于很多人已经不仅仅是个剧组，它影响了我们太多后来的故事、生活习惯、交友圈子。我们只能感谢这份——刚刚好。

巡演路上

颠簸的赶场　那些大巴车上的各种睡态

话剧《李雷和韩梅梅》首轮保利院线巡演时间表

演出剧院	演出时间	路程	交通方式	备注
重庆大剧院	2012 年 1 月 2 日—3 日	重庆—惠州火车 22 小时		火车 1 月 4 日下午 K687 14:12 出发 5 日 12:50 到达；飞机 伊扬、徐岑子 4 日国航 CA4347 14:00 出发 15:55 到达深圳转到惠州
惠州文化艺术中心	2012 年 1 月 6 日	惠州—深圳大巴 2 小时	5 日下午 火车 18 人到达；陈晨 1 人到达	6 日连夜一批（参与装台人员 8 人）；7 日上午一批（演员 12 人）
深圳保利剧院	2012 年 1 月 7 日—8 日	深圳—郑州 时间富裕	6 日连夜一批（参与装台人员以及苏茂洋 12 人）；7 日上午一批（演员及曲晶 8 人）全部大巴	徐岑子、田晓威（自己走），汪鹏飞、赵明一、谭昊、王闯（9 日 8:00 CA1306 北京）6 人自己走或已离开，其他 14 人 1 月 9 日 7:35 HU7755 深圳—郑州
温州大剧场	2012 年 2 月 14 日—15 日	温州—常州	火车 D5466 16 日早 7 点（温州南—常州）2 点进剧场装台	6 个半小时左右
常州大剧院	2012 年 2 月 17 日—18 日	常州—张家港	大巴（18 日演出前需带行李到剧场，演出结束大巴连夜到张家港）1 点进剧场装台	2 小时左右

续表

演出剧院	演出时间	路程	交通方式	备注
张家港保利大剧院	2012 年 2 月 19 日	张家港—泰州	大巴（20 日上午 10:30 酒店大堂集合）13 点进剧场装台	2 小时左右
泰州大剧院	2012 年 2 月 21 日	泰州—合肥	大巴（22 日上午 10:30 点酒店大堂集合）16 点进剧场装台	5 小时左右
合肥大剧院	2012 年 2 月 23 日—24 日	合肥—青岛	17 人火车（25 日早 6:40 酒店大堂集合）9 人飞机（SC4706-11:30 集合）16 点进剧场装台	12 小时左右
青岛大剧院	2012 年 2 月 26 日—27 日	青岛—烟台	大巴（27 日演出前需带行李到剧场．演出结束大巴连夜到烟台）2:30 进剧场装台	4 小时左右

以上的表格是截取自《李雷和韩梅梅》2012 年 1 月、2 月全国巡演日程安排表中的一部分，便足可见日程安排之紧。虽然一般在和巡演合作方接洽时我会一再争取我们要保证的时间，但还是常常无奈妥协，尤其是 1 月、2 月的院线巡演，考虑到各剧场的时间协调，还要尽量降低成本，于是院线巡演就变成了不折不扣的硬仗。按正常来说我们的演出应该是提前一天全天装台、装灯、调试灯光音响，但由于有的城市时间不允许，所以常常是一个城市演完就马上半夜赶往下一个城市，连夜装台，工作人员要一直工作到第二天演出结束，惠州到深圳、常州到张家港、青岛到烟台等都是如此。于是在火车上或大巴上就成了工作人员唯一休息的时间，大家东倒西歪、形态各异的睡姿便成为最常见的了，若是有人特立独行没有睡去，那么此时就是其最好的拍照时段，当时有

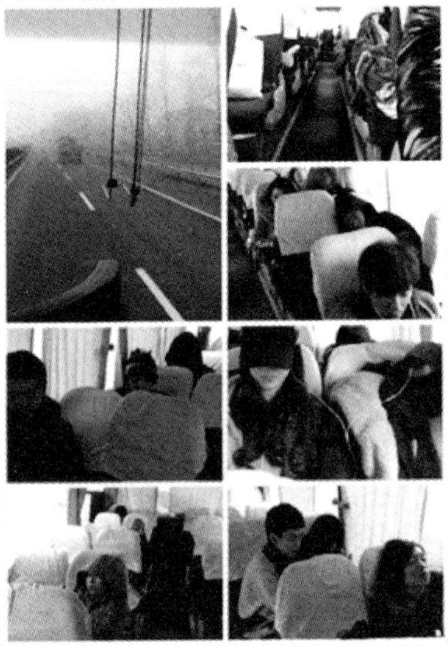

很多人也趁此留下有趣的照片。左图便是Rainbow 戏剧官方微博 2012 年 2 月 22 日发布的大家在泰州赶往合肥大巴上的各态照。

无数个不眠的连夜装台

巡演过程中，灯光师高捷（我们也常称他“万神”）曾有一句精辟的总结：我们的戏可以改名为“李明和韩夜夜”了。的确，这代表我们不分昼夜。记得每次谈完外地巡演，若是条件实在受限只能连夜装台，我在给高捷打电话前就已经知道电话那端他痛苦而无奈的神情。连夜装台对于所有后台人员，尤其是灯光设计、灯光操作、舞美、舞台监督以及制作人我自己，都是极其痛苦的事情，因为那不仅意味着 24 小时连续在剧场工作，还意味着要面临演出前没有时间全剧合成联排的可能性，更要承担万一当地在技术方面有无法预测的配合问题，导致有一点时间耽搁就会影响演出质量的风险，所有人在演出最后一秒结束前都是殚精竭虑。

于是经常连夜装台的后台人员们，每每去一个城市巡演，走了一圈却仿佛从未去过这个城市一样，因为行程永远都是车站 / 机场—剧场（一直在剧场）—酒店—车站 / 机场，除去极宝贵的回酒店休息的时间，就全部在剧场工作，甚至连外面的天色都很少看到，更何谈对一个城市哪怕有略微的了解。已经记不清曾有哪些城市的演出是连夜装台，因为他们太多了，也太相似了，剧场内的场景总是相似的，那些几个人相互交替着去化妆间稍微小憩的夜晚，那些夜色中在陌生城市的街头去给大家买夜宵的夜晚，那些裹上最厚的棉衣还是冷得蜷缩的夜晚，那些时刻期盼着对光进程能够提前完成，这样大家在天亮时还能睡会儿的夜晚。

很多时候想起来甚至不知道当时是怎么熬过来的，大家一起不眠不休，有时候甚至真的不想再做这行了，但也许下次，还是如此，不眠不休，只因我们不眠不休的舞台梦。因为每当结束后听到观众席的掌声阵阵，就觉得一切都是值得的。

郭旭和导演田晓威在后台

2011 年 1 月，湖南，长沙大剧院。巡演首站。（从左至右）灯光设计高捷、灯光执行刘澈、制作人汪鹏飞、导演田晓威在灯控室

巡演后台。谭昊、曲晶、陈晨

那些在火车上的欢乐时光

巡演路上的交通工具除了大巴和飞机，最常见的就是火车了。印象最深的一次是 2011 年 4 月的广州站演出，要从北京西站出发，坐二十几个小时的火车才能到达。当时是《李雷和韩梅梅》全国巡演的第二站，大家还没有像日后那样习惯颠沛流离，还在为大家一起坐火车而感到新奇，像是一大家人要去度假一样，火车上说说笑笑，把不相邻的车票找人换为大家相邻，聊天、斗地主、扎金花。到了晚上，我们这些夜猫子为了不吵到其他乘客，于是餐车就成了我们的聊天室。每到中途经停的车站，尤其是较繁华的火车站，即使只有几分钟，剧组的“吃货们”也必须要窜下去买些当地特产再狂奔回来，就像有一次经停武汉时，还没等火车停下，大家就隔着玻璃对着月台上的热干面望眼欲穿了，随时准备着一开门就冲出去。现在想起那段时光好像还是完全不觉得辛苦，反而好想再回头经历一次。那些实际上辛苦又辗转的巡演时光，总是会被我们这些年轻人的生活点滴调剂成有声有色。也许这就和青春一样，即使那是一场大雨，即使感冒了，也还是盼着回头再淋它一次。

巡演路上成就鸳鸯

从 2011 年 12 月 30 日、31 日的贵阳站，到 2012 年 1 月 16 日、17 日的呼和浩特站，这半个多月的朝夕相处，除了留下了很多宝贵记忆，还促成了剧组里的一对小情侣——舞台监督郭旭和服化执行郭月，这对儿到现在还是恩爱得羡煞旁人、常常被我们调侃在微博上晒幸福的小情侣，在当时也是被大家见证着从羞涩的眉目传情一点点发展至今。好多画面现在想来也是让人忍俊不禁，同时也不禁被他们的甜蜜所感染。印象最深的一个画面，是一次忘了从哪个城市通往哪个城市的大巴上，二人坐在一起，大家由于疲劳纷纷睡去，郭月羞涩的挽着郭旭的手臂，怯怯地回过头装作不经意地查看了一番周遭情况，确定无人注意，回过头，倏地将头靠在郭旭的肩头。这一小动作还是被剧组的有心人观察到，倍感两个年轻人的甜蜜，于是大家也渐渐知道二人的关系，常常有意无意地撮合、玩笑。后来二人的关系也愈发密切，到 2012 年春节后的第二轮全国巡演时，已经确定关系的二人不仅没有因为爱情而影响工作，本就对工作尽心尽责的二人反而更加认真，一个是舞台监督，一个是服化执行，常常彼此陪伴，一个人的活常常变成两个人做，彼此提醒和帮忙，每每郭旭需要连夜装台，作为服化执行的郭月按理说在收拾完服装后就完全可以回酒店休息，却总是不离不弃地陪在现场，与郭旭做伴，与我们这些在剧场工作的人做伴。

巡演路上成就的小情侣郭月、郭旭一直继续着他们的甜蜜生活

如今，郭月已是 Rainbow 戏剧的签约服化师，郭旭若不是因为其他原因，也早已是 Rainbow 戏剧最想招致麾下的难得的管理人才，但每每工作时，二人相互督促、帮助，除了“靠谱”二字再无其他可以形容了。也更加让所有人都不禁在心里为他们祝福，望长长久久！

各地那些可爱的观众

右侧这两张图片，是一名重庆观众的微博所发。上面那张，是十年前，她是伊扬身

边的那位少女，下面的照片，则是十年后，即2012年年初我们在重庆巡演时，她时隔十年再度和伊扬的合照。“老艺术家”伊扬除了发型，仿佛变化并不大，然而身边这位女孩儿却已经从小女孩儿长成亭亭玉立的少女，让人不禁感慨。

类似于这样给我们带来感动的观众，在巡演过程中还有很多。

由于伊扬当年作为歌手时是在南方出道，因此包括在深圳、惠州等南方城市常常出现也许他已经不记得的“老相识”到现场支持，也不乏当地他当年的粉丝，在演出后特地在演员出入通道门口守候。

印象最深的几个城市，我们更是被当地观众的热情所打动，广州的黄花岗剧院、长沙的湖南大剧院、温州的温州大剧院，等等，不仅观众爆棚，在演出结束时，全场观众起立鼓掌的情景常常让我们受宠若惊。每到此时，即使是在幕后的工作人员，都会觉得无论什么样的付出，无论多辛苦，都是值得。

多地上演现场求婚

第一次有观众在我们谢幕时到舞台上求婚还是在北京的第三轮演出，男士提前联系了我们的工作人员，希望可以在我们谢幕时的抽奖环节稍微设计一下，让他可以在台上向女友求婚，这样的事情我们很愿意也很荣幸，有观众将人生中如此重要的事选择在我们的舞台上，说明这个戏对80后爱情的特殊意义。而那次以后，没想到一发不可收拾，在后来的巡演过程中，接连上演求婚场景，昆明、温州、合肥等地演出皆是如此，并且不同于北京的是，当地观众并没有提前联系我们的工作人员，这更让我们和其他观众惊喜。印象最深的非温州站莫属了，2012年2月14日、15日的温州站演出刚好时逢情人节，近1800人的观众席场场爆满，反响火爆，那一天谢幕后，演员原本已经打算下场，结果观众席中突然传来一阵阵起哄的欢呼声，观众环绕着观众席中间位置的一对年轻男女，男子正在求婚，身边的人一边举起手机拍照，一边欢呼让他们上台。1800人的现场热闹极了。看到这样的情景，演员不自主地重新回到舞台上，呼唤他们到台上来，让大家一起为他们见证。求婚时，男子单膝跪地，女子热泪盈眶，台下的掌声和欢呼声更是一浪高过一浪。求婚结束后，现场的所有人，包括我们的演员和工作人员，还是心情异常激动，于是台上演员提议，他们到台口的位置，与台下 1800 名观众拍下一张大合影，但由于当时事发突然，我临时让侧台人员去找在音控室的曲晶拿相机，但已经来不及，不可能让台下已经摆好姿势、情绪高涨的观众等着，所以我只好用手中的手机，走到台上为他们拍下了经典一刻，但由于舞台上灯光极强，手机的拍摄效果又有限，这张极珍贵的照片没能将现场的感觉完全呈现，还是有些许遗憾。

温州，谢幕后，观众席突然热闹起来，簇拥着中间部分的求婚男女。二人终于走到台上　连原本在侧台的工作人员都不禁来见证这一刻

合肥观众上台求婚。被求婚女子还借用了剧中结尾处韩梅梅的台词“我会往前走，你能赶上我吗？”在台上台下欢呼一片中二人拥吻。

北京演出求婚现场

演出期间的幕间趣事

每场演出那两次全体动员的大换景

《李雷和韩梅梅》由现实和过去两条故事线索组成，在不断跳进跳出中展现了主人公们近十年的生活。以当下生活中王叔叔的去世葬礼、大家在学校重聚为开端，通过回忆表现了大家高中生活的故事、1999 年 12 月 31 日千禧年的记忆点以及大家长大后一起做生意的经历，其中囊括了几个人之间的聚散离合、生活的无奈和挫折、理想和现实的反差。然而多次跳进跳出的展现形式，不仅需要演员频繁多次换装抢装，也涉及多次的场景转换，其中最大的两次转换就是“现实场景→迪士尼商店场景”“迪士尼商店的大场景→回到现实”，这两次大场景转换中，不仅涉及一片 6 米高景片和两片 4 米高景片的旋转，其他的小道具也需要全部变换位置，由于首演在北京的九剧场，技术条件并不算先进，所以所有大景片的旋转只能通过人来翻转，每个大景片需要两个人，再加上其他的道具切换，部分演员在换场时还要抢装、需有后台人员配合。因此每场演出的这两次大场景变换都需要全员出动，后台人员、演员、导演、制作人、化妆等全部要一起完成。每次演出到一个新的剧场，彩排时对于大场景变换都要练习多次，在换场的黑暗中，彼此配合保证安全且要保证速度，必须在规定时间内完成换景。

然而在一次换景中还是差点出现意外。由于一般在外地剧场时如果吊杆技术条件允许，我们会将最大的六米景片用吊杆完成切换，即换景时两个景片一上一下，但那天的演出切换时，正当所有人都在黑暗中紧锣密鼓地换景时，突然大景片后方有人压着嗓子惊呼。原来是大景片（硬景片并非软景）下降到底部已经触到地面时还在继续下降，舞台监督马上在对讲中呼叫吊杆控制室让其

现实时空场景

迪士尼商店场景

停止下降，但在其触到地面却还在继续下降时，景片便开始向后倾倒，大家慌忙中全部跑到景片后面用手支撑。这是第一次在换景时出现如此重大意外，因为我们每次演出前会彩排保证无碍。怎么回事？而当时如果主景片继续下降导致完全倾倒，演出根本无法正常进行。而在此过程中，时间已经远远超出正常换景时间。舞台换景全场黑暗时，对于观众来说如果时间过长是极易引起反感的。我已经手握对讲机随时准备如果景片再持续下降就马上通知关闭大幕中场休息。还好我们的后台人员马上冲上吊杆控制室，与剧场控制人员一起控制住了局面，吊杆转为上升状态，才化险为夷。

制作人被当场“扒裤子”

2011 年 5 月 7 日徐州站的演出是徐州人民广播电台交通台的十周年活动，在我们的演出前舞台上还有电台的颁奖活动及演唱节目，自然也有电台的主持人。相对于平常的演出来说，当天的后台人员众多，相对混乱。作为制作人的我，在每场演出还有另一个身份，就是开场时闹场高中生的扮演者，因此在演出前我也和往常一样，早早地换上我的“戏服”——绿色帽衫、牛仔裤、球鞋。

临开场仅有五分钟时，当地的一名马上要上场的男主持人突然在偌大的后台窜来窜去，一边嘴里惊呼着：“我的牛仔裤！谁看见我的牛仔裤啦？”剧组的人也帮他一同寻找。几番寻找未果，眼看开场临近。他突然向我冲来，直奔我的下半身打量，然后不由分说地说：“我的！这是我的！你怎么穿了我的！快脱下来！”我还未反应过来状况，就只好随着他解了扣子，一屁股坐到身后的椅子上后，基本就不需要我再动手，他瞬间就把我的牛仔裤扒下拿了去，继而飞速冲向上台口。身后的蒋小涵和其助理苏曼突然间传来一阵大笑，原来他们一直看着全程，但跟我一样，此时才缓过神来。我的深蓝色牛仔裤每次都是由服装师准备，放在后台的衣服架子上，也常常会更换，我自然以为那条即是我的戏服。说实话，一直到后来仔细看起来，两条裤子依旧看不出太大的区别，就难怪会造成闹剧了。现在每次提到徐州演出那一幕，大家还是会不禁演绎着当时的场景然后笑得前仰后合。

他们是两位最特别的剧组人

歌曲原唱徐誉滕是“周易大师”

作为风靡网络的同名歌曲《李雷和韩梅梅》原作者和原唱者，徐誉滕的名字我再熟悉不过。后来大家熟悉后，我喜欢叫他老徐。起初联系到徐誉滕的时候还是2010年话剧进入排练期之前，正巧男主角伊扬和徐誉滕早就相识，又因同住通州有所来往，所以在伊扬和潇文的介绍下，我很顺利地联系到徐誉滕。初次在通州的见面就让我对老徐印象极佳，仗义、直爽、热情、不做作。后来他也很热情地来到《李雷和韩梅梅》首演现场和一些重要场次在开场前为现场观众献唱那首《李雷和韩梅梅》。戏中还用了老徐的另一首歌《彩色粉笔》作为李雷和韩梅梅分手重场戏的配乐。当时我们的戏还在排练阶段，第一次听到这首歌时我就兴奋地觉得和我们的戏再合适不过：

这里依然是如此熟悉／我还能找到曾坐过的位置／时光匆匆其实我知道它／还记得我第一次的勇气／／那时候你沉默的问题／不知道时间可以解答／就像那年曾写满寄语的黑板／现在才等到回执

我用一根彩色的粉笔／把爱写进往事里／阳光里裙摆跳舞的你／是我年少时最美的诗／我用青春彩色的粉笔／画一幅那时记忆／画里我们一起的日子／原来是那么花香满地

于是我第一时间把这首歌推荐给晓威，他也觉得合适极了，就放在了分手那场重场戏。于是日后，这首歌便伴随着我们走遍了大江南北的巡演。还常常有观众在演出后登陆我们的官方微博询问歌名。可由于李雷和韩梅梅分手那场戏一结束就是大场景变换，以至于现在一听到这首歌，便会不自觉地觉得，要换景了！的确,《李雷和韩梅梅》的太多细节已经融入了全组人的生活里，不知道再过二十年听起来，会不会泪流满面。

说起老徐，徐州站的巡演还是多亏了他的牵线搭桥，才让我们的戏有机会在他的家乡演出，作为徐州人民广播电台交通台十周年的活动，老徐也和我们一起演出，当场献唱了《李雷和韩梅梅》等歌曲。老徐还是我们当中的“神人”，在认识他之前，是怎么都想不到他以前竟是个体重 200 斤的不折不扣的胖子，相信任何人听了他极具毅力的减肥经历都会对这个唱作全才更加刮目相看，直到现在他还是保持着每天锻炼的习惯。除此，每次大家聚在一起老徐总是会

徐誉滕在首演时演唱同名歌曲

首演当天，徐誉滕和前来观演的桑兰

徐誉滕和蒋小涵

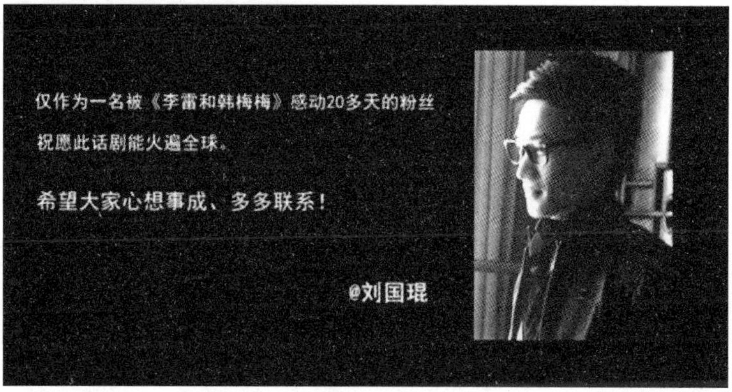

2010年年底，刘国琨为大家制作的“圣诞礼物”——《李韩》剧照版视频 截图

被我们团团围住，对于周易方面颇有研究的他经常会给大家“传道解惑”，更有朋友喜欢让他占卜占卜打打挂，也算是朋友相聚的趣事。

刘国琨，只要还有梦想，什么时候都不晚

2010年北京第二轮演出结束，刚好临近圣诞节，有一天刘国琨带了很多碟子，每人一张，说算是圣诞礼物。里面的那段他自己制作的视频至今仍让我们印象深刻——“《李雷和韩梅梅》剧照版视频”，有很长一段时间内只要看到这段视频，就一定会禁不住流泪，但心里觉得暖暖的，好像这个戏在那个冬天经历的一切酸甜苦辣都在其中。整个视频以刘国琨为我们拍摄的一张张剧照为素材，配合了剧中三段不同风格的音乐，还细心地摘录了当时两轮演出期间大家在微博上的真情流露，后来才知道，这版制作精良的视频是刘国琨和她的师妹刘柳熬了好几个晚上赶制而成，后来他这位专心又专业的师妹也成了我们日后数次合作的宣传片剪辑制作师。

说起国琨，真是说来话长。起初认识还是由于当年《李雷和韩梅梅》与《玩转北京》这本杂志的合作，杂志的程总程嘉旭，这位非常热心的大姐，第二次与我谈合作时，带来了这名叫做刘国琨的同事。由于合作需要，我们每场演出结束时，都会由一位《玩转北京》的负责人上台代表杂志社送出奖品，而这个人就是刘国琨。当时对于我们来说，这名虽然每天都会出现在剧组，但是并不是很熟悉的《玩转北京》负责人在台上实在是话太多，不仅要拿着麦克风介绍一番杂志，再介绍礼品，还要表现一下身为80后的自己对于这个戏的狂热喜爱。每说至此，大家总是要在心里默想“这个人……真的……是80后吗？”我们也常常在背后当做八卦讨论这个人的真实年龄，这个当时每天穿着尖皮鞋，梳着大背头，长相和打扮都很老气的人说他自己的80后让人觉得是件非常可疑的事儿（后来熟悉后方才得知，他不仅是80后，还是个87年的小兔子，名副其实的85后）。但当时我们知道的是此人酷爱摄影，经常带着自己的“长枪短炮”来到现场拍摄剧照，据说好像从前还做过摄影记者。《李雷和韩梅梅》第一轮演完就紧跟着加演第二轮，连续将近二十场，他场场都在现场，好像比我们剧组自己的人还要敬业，时间久了也就开始熟络起来，这个让大家觉得憨厚的山东男孩儿很快就和我们成为朋友，甚至还常常成为大家开玩笑的对象，因为他尴尬无奈的表情，很可爱。

后来，他就慢慢地变成我们剧组大家庭的一分子，一起相约，一起聚会，一起逛街，甚至一起约着洗牙。所有与摄影有关的当然也是由他首当其冲，那之后每个戏的宣传照、剧照都是他来拍摄，还经常跟随我们一起去外地留下我们巡演的影像。了解以后，才慢慢发现，好像“摄影”对于国琨来说很重要，他的大学专业同样也是摄影，这个常被我们打趣称以“摩托车、相机、流浪的爱情”为人生理想的典型性文艺青年，当时从事的工作却一直在媒体公关方面，常年与各种行业的客户打交道。他像极了我们剧中塑造的80后典型，为了现实而不得不背弃梦想。但后来，我们渐渐地看到了他的变化，好像又开始拿起相机，重新捕捉这个世界的瞬间，虽然其中他还经历了一次工作的变迁，也经历过矛盾和挣扎，一直到2012年年中，他终于决定服从自己最初的梦想，与我们剧组中的范潇文成立了自己的视觉工作室——Toolle。

前段时间，有一次国琨非常认真地跟我说，他特别感谢《李雷和韩梅梅》，是《李雷和韩梅梅》让他变化很大。“只要还有梦想，30岁、40岁，哪怕是50岁，一点都不晚”，我从未想象《李雷和韩梅梅》所传递的核心价值观会直接作

2012年，国琨和范潇文（Miss Gao饰演者）合作的TOOLLE视觉工作室正式成立

拿起相机的刘国琨，更像是这个年纪该有的样子

用于这个就在身边的人身上，现在我才知道为什么当时还作为杂志负责人的他每场要在场上说个没完，他真的在戏中看到了自己。

现在的国琨，把自己的摄影工作室做得有声有色，我们也常常去做客或者相约小聚。自己创业自然艰难重重，他常常疲惫不堪，修片修到每天都睡眠不足，也常常因为压力或敏感而情绪低落，但我知道，我们都一样，在坚持梦想这条路上，不会后悔。就像戏中 Uncle Wang 对大家说的："我有时候也后悔，为什么没过过跟以前不一样的生活，所以你们千万不要像我一样，到老了才想要改变，现在想做什么，就放手去做，不要害怕失败，因为你们年轻，你们有的是机会失败！"

祝愿国琨，也祝愿所有 80 后的梦想家们，好运！

《给未知恋人的爱情短信》诞生记

一个年仅 26 岁的年轻制作人何以打动了蔡康永？前者名不见经传，而后者大名鼎鼎。

这个问题，最近常常被人问起。就像三年前，大家会好奇，这个 23 岁的刚刚走出中戏校门的孩子凭什么可以一手制作出名声鼎鼎的话剧《李雷和韩梅梅》。

有人说，他在做首部作品《阿姨》时拿了家里数百万并且血本无归，也有人说，他为了做戏卖掉家里的房子……很难得他们将我形容成“为戏剧梦想奋不顾身”的另类人种，只是，那些都不是我，我不是可以无限制从家里伸手的富二代，也不是走出校园就满身阳光的励志青年。和很多创业者一样，我从 22 岁创业至今，经历过债务、贷款、房车抵押以及无以言表的种种压力和重重磨难。可是我感恩这一切，就像我一直相信，这世界上没有一件完全偶然的事，每个人长成现在的样子，都不是朝夕而就，《给未知恋人的爱情短信》这部舞台剧，也是一样。

久久寻觅　埋下种子

2012 年下旬，虽然《后青春期的诗》还在忙于全国巡演的前期筹备，但对于 Rainbow 戏剧的下一部作品，我早已心乱如麻，阅尽无数剧本、小说仍旧无果。至今还是要感谢在那次和同届同学的微信聊天中，对方推荐给我说，你可以看看蔡康永的《给未知恋人的爱情短信》，我觉得很适合你们的风格。当时我很讶异于这位同届最红的表演系同学居然还在保持阅读习惯这件很难得的事。静下心阅读《给未知恋人的爱情短信》是在 2013 年的春节。起初，我和很多人一样，会因为看过蔡康永在微博中发的那些爱情箴言而误认为这似乎不会是一本有着完整故事的小说。但当我读完那些温暖而平和，并让我数度落泪的文字以后，我承认我被这小说彻底击中了，我告诉自己：汪鹏飞，这次你必须搏这一遭，无论结果如何！原因很简单，如同曾经在广播中听到的，这个纷繁的世界，人们都已经火眼金睛，唯独可以打动人心的，只有最真诚的事物。因此,《给未知恋人的爱情短信》这样的文字，弥足珍贵。它用看起来娓娓道来的方式，将一股强大的暖流注入我们内心。改编《给未知恋人的爱情短信》，在那时，在我心里埋下了一颗强壮的种子。

初建联络　贵人牵线

2013 年春节后，我和团队紧锣密鼓地筹备张国荣的视听演奏会时，也曾想到邀请康永老师担任讲述人。第一次和蔡康永老师的经纪团队建立联系，要感谢 GQ 主编王锋先生以及林晶女士。虽然当时的演奏会由于康永老师的档期问题，最终遗憾的未能达成合作，但我还是在其后的往来信件中提到，如果有可能，希望可以商讨关于《给未知恋人的爱情短信》日后改编舞台剧事宜。

改变命运的《给蔡康永先生的心灵短信》

4 月 1 日的演奏会之后，我曾数次在给康永老师经纪公司的邮件中介绍了 Rainbow 戏剧、舞台剧《给未知恋人的爱情短信》的规划以及田晓威的导演改编阐述，也提到非常希望专程赴台拜见。但这期间对方对于我的面见请求，一直没有正面回应。感谢王锋先生当时至关重要的建议：与其发送这些生硬的公司介绍，不如直接选择用最真诚的形式，写一封信，表达最诚恳的想法。于是，便有了现在回头望，起到关键转折性的那封长信——《给蔡康永先生的心灵短信》。

短短的三千余字，现在回想，我却由于字斟句酌和满心惶恐，拖延了整整半个月的时间。每次想动笔，却又常常不知道该从何说起，不知道什么篇幅合适，不知道什么口吻恰当。Rainbow 戏剧从无人知晓，到陆续推出《李雷和韩梅梅》《后青春期的诗》等作品，虽称不上成功，却也可以说在全国巡演过程中获得了非常难得的票房和口碑。越是这个时候，其实我对于新作的选择越是战战兢兢。《给未知恋人的爱情短信》于我，必须是一炮打响一鸣惊人扭转乾坤的作品，我没打算给自己留下任何退路。

信中，我写道："我很多年都没有写过诗，遗憾却无能为力。我和很多 80 后的年轻人一样，丧失了文字的想象，丧失了内心的平和，面对着飞速运转的世界，应接不暇的变迁，我们好像在逼迫自己疯狂成长，一天天变得强大和成功，却忘记一路上我们丢失了很多能力，对美好事物的驻足，对自己声音的倾听，以及相信爱情的勇气。"

这封长信发出后的第三天，5 月 21 日，王锋先生的一则短信："那边希望你能过去台湾聊"——像漫长午夜之后天际突然出现的第一道微光，让我兴奋不已！

康永老师在最近接受采访时回忆说：“我猜经纪公司一开始根本就没打算告诉我这件事吧，直到制作人写了一封长信过来。我看到之后就跟公司说，这个事对我们来说可能不重要，但对剧团来说就很严重，所以我们一定要给对方一个清楚的答复。”

首赴台北　拨开云雾

收到回复的九天后，我只身一人，第一次飞赴台北。

直到那一次见面前，我还是以为不可能见到康永老师本人，所以也并没有太过紧张。在他公司落座，第一次见到康永老师的经纪人芳姐，还没有聊几句，她竟说，我们等一下康永老师和公司老板。我有些吃惊！我觉得我的一袭白衬衫黑西裤，很像在推销保险，真的要见蔡康永吗？于是，第一次与康永老师的会面就在我这样措手不及的状态下开始。但其实并不能算措手不及，因为我对于这件事，早已在心中对每一个细节都设想过无数次。在那两个多小时里，我抓紧了每一个表达自己的机会，恨不得要把我的前世今生都要讲出来，初次会面的顺利程度，远远超出我的预想。

我们，可以准备改编剧本了！走出那栋楼的时候应该已经下午五点，我一个人在那条台北市中心的巷子路边，好！想！大！喊！那是长时间的期许和忐忑过后，发狂似的兴奋与喜悦。

几度创作　再赴台北

短暂的喜悦过后，和晓威共同商讨剧本的改编方案成为重点。第一版剧本完全忠实于原著，但在康永老师的建议下我们逐渐调整到了更有张力的版本，对后半段故事进行了更戏剧化的处理，加入新的故事，形成了现在大家即将看到的这一版本的雏形。

第二次赶赴台北是在 8 月 12 日，我带着晓威、朱珠和康永老师会面。很多对整体剧本至关重要的修改就在这次商讨中诞生。包括由康永老师本人参与配音的黑鸟先生，作为讲述者与旁观人贯穿全剧，成为了舞台剧中充满“蔡式”风格感的重要存在。

剧本暂且尘埃落定，随后整个舞台剧筹备工作中最重要的两个部分：剧场与演员的选择也立刻提上日程，这也是我和我的团队经历了百般波折的两个月。最终，明星版的主演由李晟、李佳航、利晴天三位担纲，小甜甜与伊扬两位担任特别出演，而青春版主演则敲定中戏同届同学马秋子、盛路悦及台湾演员利晴天，他们将承担 2014 年这部戏保利院线全国 36 场巡演的重任。

关于为何选择李晟、李佳航，同样是常常被人问及的话题。李佳航阳光率真，戏剧学院科班出身，有过多部舞台剧经验。而李晟，我对她最初的印象是励志、勤奋，是“向日葵”一样的女孩，虽非科班出身，但她凭借自己的努力以及与生俱来的表演天赋，一步步取得了现在的成绩。女一号“逗点”的戏份在《给未知恋人的爱情短信》中是重中之重，甚至从始至终从未下台，这样的戏份却要启用一名“舞台剧新人”，我明白风险却依旧坚持，对于一个足够努力和刻苦的演员，我愿意赌上一把，而在整个排练过程中，李晟也用她自己的努力证明了我的信任。

利晴天，这个阳光帅气的大男孩，初相识后我唯一的担心是他同样是一名完全没有舞台剧经验的新人，但这种担心在他进入排练后不久便打消。他的真诚、朴实、自然、外放，除了信任，我还能做些什么呢？他，已经是“鹿头上”了。

提携之情 永世不忘

11 月初，康永老师来京，约我第三次见面。不同于之前的紧张与生疏，这次谈话，让康永老师第一次真正体会到我们制作这部舞台剧前后过程中的艰辛，以及我长久创业以来面对的重重压力。万万未曾预料的事情发生了，这次聊天后我紧接着接到了芳姐的电话：“如果康永哥北京首演三场都在，会对票房有支持吗？”

那一天是我对康永老师的，感恩节。

那一刻，控制住自己几近颤抖的声音，分享给团队里的伙伴们，真切而满溢的感动，对做戏剧的我们来说，这种支持与信赖弥足珍贵！

首演在即 整装待发

11 月 29 日，康永老师来京参与黑鸟先生的录音工作。30 日，同主演及主创共同出席筹备已久的新闻发布会。行程紧凑，事项繁多，却仍旧全程高度配合。更让大家惊喜的是，原本康永老师只是打算到排练场简单探班，却出乎意料地观看了未经删减的两小时四十分钟整剧联排，那天康永老师“观看联排时几度落泪”（次日发布会媒体采访中谈到），随后不仅给予剧组肯定和鼓励，更在第二天给我和晓威带来一张手写的密密麻麻的 A4 纸，上面是他看过联排，经过思考后的三处修改意见。并一再说明，依旧以我们的意见为主。如同他在采访中所说：“我跟剧团编导说，千万不要管我怎么想，戏好看最重要，哪怕我自己认不出来都没有关系，你们要把它当成自己亲生孩子来养育。”

舞台剧《给未知恋人的爱情短信》从最初的设想，一路到今天，12 月 17 日，距离首演还有 3 天。从成立世纪华鹏 Rainbow 戏剧的第一天起至今，我们演给 80 后，关于温暖，关于青春，关于梦想，我们已经说了很多很多。而这一次，我们要讲述的是关于爱的学习，我们要让观众在剧场里面的两个小时中，去一个离自己心灵更近一点的地方，做一次旅行。这个旅行的所有风景都关于自己，它们可能是全新的，也可能是已经久违的，却从未发现或早已淡忘的。因为《给未知恋人的爱情短信》这个故事充满爱的想象，充满内心的暖意，充满我们本该保持的微笑。

三天后，我们所有的孤注一掷，所有的呕心沥血，所有的诚意与汗水，将全部变作 Rainbow 戏剧在舞台上为您呈现的一切。在接下来的日子里，我们会把《爱情短信》带到已经确定的 26 个城市和更多的地方去。各位，剧场见。

后来，就是很多人都知道的故事。在首演当天，小 S 由于刚好在北京工作，于是也被康永哥拉到了现场，在开演前先是在剧院前厅进行了简短的访问和签名，而后又在舞台上跟康永哥一起进行了一小段有“现场版《康熙来了》”既视感的演前互动。尽管由于是首场演出，音响和技术环节出现了一些瑕疵，但我想那天来到现场的观众，应该是完全值回票价了，因为小 S 到现场不仅对于观众来说是意料之外，就连对于我，都完全是太大的惊喜。

意料之外的事情是，原本应该在京沪首演登台的李佳航，由于在演出前于影视剧组意外小腿摔伤，北京场次抱憾缺席，由该角色的 B 组盛路悦出演。直到上海演出时，李佳航伤势稍有好转，终于带病坚持演出了上海的三场首演。

说到李佳航，就必须提到当时的明星组女主角李晟，二人作为新版《还珠格格》的尔康和小燕子，很少接触舞台，但那一次他们的敬业程度和认真精神，让我直到现在还是心怀感动。半年后，李晟、李佳航的情侣关系终于对外公布，“尔康和小燕子”走在一起，成为了当时一度的热搜话题。后来只要有值得一看的剧目，我就一定会邀请李晟来看，虽然当时通过《给未知恋人的爱情短信》接触并不算多，但不知道为什么，就一直对这个认真刻苦、一步一个脚印的湘妹子特别难忘。

经历了北京上海由康永哥保驾护航的首演后，舞台剧《给未知恋人的爱情短信》在 2014 年上半年完成了保利院线 26 个城市的巡回演出，并且在那一年，一举拿下“2014 年度中国大剧场话剧票房十强”。尽管从筹备到开花结果花了整整一年的时间，尽管过程中经历了很多不测和磨难，也经历了不少仿佛过山车一般的体验，但是那部剧目，对于世纪华鹏在商业市场的地位和知名度有了极大的提升，对于后来的《栀子花开》《滚蛋吧肿瘤君》等剧目，起到了很重要的前期沉淀和积累。

如果说世纪华鹏的成长像是游戏里的升级打怪，那么经过了《给未知恋人的爱情短信》，就如同通过了一个 BOSS 级关卡。

同时，从那以后，蔡康永三个字成为了我生命中很特殊的名字，我永远无法忘记这是康永哥最感性的那一面，他愿意如此不计回报来支持一个年轻人。跟利益无关，跟合约无关，只因为，他是感性的蔡康永。

《台北上午零时》中的这些人和那些事

年初的时候,《台北上午零时》筹备改版，将把故事全部背景全部换为适合大陆的，同时演员也全部改为纯大陆班底，在苦思冥想找演员的时候，剧本里面的很多段落又时常出现在脑海当中。有一天半夜失眠，想起剧中一段阿秀对即将出嫁的自己的侄女阿玲说的一段话，想到泪眼婆娑。于是又不禁感叹，吴念真导演对于社会底层小人物生活细节和情感的捕捉，真的是堪称大师。

如果说《李雷和韩梅梅》在最早期开启了世纪华鹏的“泛青春”作品类型定位，那么《台北上午零时》则是使我们开辟出了“经典类型”这条产品线。

每个人都不是一下生就知道自己应该要什么，自己应该成为什么样的人。一个企业也一样，纵使所有人都知道明确自己的市场定位和细分，是一件多么重要的事，但依旧需要在摸索中前行，甚至有的时候需要一些可遇不可求的机缘。《李雷和韩梅梅》之前，若不是经历了音乐剧、小剧场喜剧的市场滑铁卢，或许也不会知道自己擅长的究竟是什么。而在做了四五年的青春剧之后，作为一个制作机构，我开始有意识地尝试更多可能性，包括以《加菲猫》为代表的对于儿童剧的尝试。而《台北上午零时》的诞生，同样也存在着很多机缘巧合，天时地利。

带我走进吴念真的文字世界的人，叫张旭。认识张旭的时候是 2012 年，他的身份是中影集团的团委书记。那一年我们几乎每周都会在一起开会，渐渐地了解也越来越多。张旭大我几岁，成熟稳重，或许是在国企工作，多少有点老干部的风范，我们称他为张书记。没有人想得到张书记是传媒大学表演系毕业的，我们更多知道的是，他很有创作才华，除了当时已经出版的小说《表演系》，还有一部正在筹备的科幻巨制。

2014 年的时候张旭跟我说，推荐给我一本书，是台湾大师吴念真的《这些人，那些事》，他觉得非常有改编成舞台剧的潜质。我是在《给未知恋人的爱情短信》的排练场看完那本书的，书很薄，由若干篇短篇文章组成，每一篇都很吸引人，平常阅读速度很慢的我，却很快就读完了。尽管在之前早就对于这位台湾大师有所耳闻，台湾电影新浪潮灵魂人物之一，五度金马奖最佳编剧，《恋恋风尘》《悲情城市》等一批台湾代表性电影均是出自他的笔下，并在所有文艺青年都不陌生的经典影片《一一》中出演男一号，他的身上有太多光环了，可是阅读他的文字，还是第一次。合上书的时候我终于知道，为什么这本书深受文艺青年推崇。《这些人，那些事》中，有的是他自己所经历的故事，有的是他在成长中所见闻的故事，几乎全部都是小人物的生活，无不透露着这位大师的人文关怀和细腻情感，有的让人体味到最实在的人间温情，有的让人莞尔一笑，也有的，残酷得直抵人心。

我认真地做了笔记，告诉张旭，我认为哪些故事适合改编成一出戏，哪些故事可以用短片段来呈现。张旭通过台湾制片人陈希圣把我们的意愿转达给了吴导，果然不久就得到了回复，对方建议，如果从《这些人，那些事》的故事进行改编难度很大，吴导为了对自己作品的负责也会亲自动笔，时间上就会变得完全不可控，因此建议直接使用吴导现有的戏剧剧本。从那开始，我们跟台湾绿光剧团取得联系，并且得知吴导已经和绿光剧团合作了七部戏剧作品，全部都由他亲自编写和执导完成。这其中，“人间条件系列”是最主要的作品。在绿光剧团发过来的几个已经在台湾上演过的成熟剧本当中，我们很快就选中了《人间条件第三部：台北上午零时》。看演出视频的那天，我带着光盘去张旭的办公室，两个人对着小小的屏幕，由于是闽南语演出，视频中没有字幕，我们一边看画面，一边低头看手里的剧本。可即使是在这样的观看条件下，我们俩还是看得泪眼滂沱。我很久没有看到一出戏，让我仿佛又找回当年为什么要做戏剧的原因，一种舞台特有魅力的极大感染力，朴实、平和，却让人触动。

我想让这个故事被更多的人看到。这是我看完《台北上午零时》闽南语演出光碟后的唯一念头。

但是在后来的接触中得知，国家大剧院曾经想要邀请这部戏来大陆演出，却因运输成本、人员成本、演出成本过高，无法通过当轮的票房回收而作罢。连国家大剧院都做不成，那就意味着单纯的演出引进对于这部剧目而言行不通。随即我想到版权引进的方式，版权引进在近年来的演出市场中并不陌生，例如《猫》《妈妈咪呀》等音乐剧的中文版。可以说，你看到的所有在剧名后标注“中文版”的演出，都是版权引进的方式，也就是从剧本、演出调度、音乐、美术设计等等各方面都由原作方授权后，在当地按照原作设计进行舞美、服装等制作品的生产制作，并在当地按照原作的舞台调度，由当地演员进行符合当地语言的排演。这样的方式虽然同样无法通过一轮的演出收回成本，前期的制作投入甚至可能比一次的剧目引进成本更高，但是如果成功，可以通过不断地加演来回收前期成本，最终获得盈利。我想用这样的方式，来实现让这个故事被更多人看到的心愿。对于《台北上午零时》的大陆化，这也是唯一一种可以尝试的方式。

飞到台湾去找吴导那天，不再像当年第一次只身去台北找蔡康永那么紧张。我和张旭两个人在吴导公司的办公室，跟他一聊就是整整一个下午，吴导友善而健谈，眼睛笑起来的时候让人觉得暖洋洋、沉甸甸的。他一半时间在吃槟榔，一半时间在抽烟，常常聊到某个人、某段事，说得眉飞色舞。或许因为很投缘，整个下午过得特别快。

当天晚上绿光剧团的李执行长请吃饭时，听闻我们下午聊了那么久，惊讶地说你小子是怎么让吴 Sir 这么喜欢你的。我说我还以为他出于尊重都会跟合作方聊这么久。执行长说屁嘞，他要是不喜欢的人二十分钟就聊完了。他说完这话我突然觉得自己这个晚辈何德何能，荣幸得不得了，于是把眼前的一大杯干白一饮而尽。

李执行长特别会喝酒，也特别会让大家开心。他胖胖的，有点像戴了眼镜的相声艺术家李金斗。但他还要更多一点匪气，如果不笑的时候，不讲话，就穿着花衬衫叼着烟站在台北某个巷子的路边，跟你说他是黑社会，你也会信以为真。可是他太热情，太会讲笑话，太会自黑，让我们这些从远方而来的客人真正领略到什么是宾至如归，于是随着他和绿光剧团同事的节奏，毫不犹豫地把干白一杯接一杯地干下去。与此同时，李执行长毕竟是做剧团的，骨子里的感性又时常会从眼睛里流露出来，让你在觥筹交错中，在酒精的感召下，不知道什么时候就被戳中了软肋，喝着喝着就眼泪汪汪。跟李执行长喝酒，是一种特殊的体验。没有选择，没有犹豫，就醉了，而且还醉得很开心。

北京首演的时候，为了尽量保留剧目原本的味道，除了后台人员换为大陆团队，一部分配角演员换为大陆演员，重要的主演还是保留了台湾版的阵容，其中也包括李执行长。吴导叫他“李美国”，因为他在美国学习表演回来，常常会故意讲一两个带着闽南语腔调的英文单词来逗大家开心。

主演阵容中还包括台湾乐坛的“大姐大”黄韵玲、在众多台湾电视剧里常常扮演主角妈妈的林美秀、吴导的独子吴定谦等。

在那之前的排练期，为了配合吴导，更换的大陆演员都被我们派到了台北去，曲晶、郭旭这样公司重点的管理人员也驻扎在那。从在台北的排练到在国家大剧院的首演，他们学习和成长了很多，当然也由于两岸在技术层面的工作习惯需要磨合，在演出交接的过程中啃了很多难啃的骨头。

《台北上午零时》的大陆版是我们所有剧目当中，线下宣传活动做得最多的一个。原因很简单，太多人想来看看吴念真。

从北京电影学院的“吴念真 X 徐浩峰”对谈，一千多人的观众席满满当当，甚至观众席都站满了人，到联合电影资料馆举办的吴念真电影赏析和吴念真讲座，再到在国家大剧院的凤凰娱乐独家“凤凰首演礼”活动，以及后来在上海安排的几个马不停蹄的千人讲座，纵使我一直跟在身边，每一次他讲的内容我还是能从中找到惊喜。每一次他讲得深入浅出，观众听得意犹未尽，放在最后的提问环节时间总是显得太短。

然而那一年吴老先生毕竟已经六十几岁，北京、上海那两次宣传，每一天的通告都排得满满的。在商务车上我一般都是坐在前座，常常大家还在聊着天，我再回头看他，他就突然睡着了。那般密集的采访、讲座，换作是我，都不知道能不能吃得消。可是每次到了目的地，他下了车就依旧精神焕发，背着帆布的双肩包，穿着浅蓝色的牛仔裤，走路很快，好像没有任何东西可以使他徘徊和犹豫。

的确，他所经历的已经太多了，我常常想，这世界上，是不是应该已经没有什么事情会让他踌躇。他出生于台北县瑞芳镇的九份，九份是台湾知名的矿区，父亲是一名来自台湾南部的矿工。后来他读完小学和初中，因家中经济状况不佳，辍学到台北工作，可是他还是利用工作之余半工半读完成了高中学业，再后来，他开始从事小说创作，并进入辅仁大学夜间部会计系，白天则担任图书馆管理员。后来就像大家知道的那样，他一步步成为著名编剧，成为整个台湾的文化大师。然而或许只有看过他文章的人才知道，他生命中的那些磨难。姐姐曾经患上重度抑郁症，亲生弟弟在车里用尾气自杀，留下遗书，“做你的弟弟妹妹，很辛苦”。很多人说吴念真是台湾最会讲故事的人，我想，他所历经的一切，也同样是常人所未曾想象的苦痛。

和我们在宣传期获得的热烈反馈一样，《台北上午零时》演出时的市场反响也超过了我们过往的所有剧目，每每在北京、上海演出，都是票房告罄，即便是非周末的场次，至少也是八九成的上座率。

《台北上午零时》的成功，使世纪华鹏的作品开辟出新的经典戏剧产品线，而经典戏剧产品线主要以国外或港澳台版权引进或剧本改编为主。在第二年成功引进德国经典剧目《金龙》，而今年，蒋小涵作为制作人与世纪华鹏合作的第一部剧目，也将是根据美国经典电影《革命之路》改编。

想必多年后，我依旧会感谢吴念真导演对于我这样一个晚辈的信任，而更加感谢他在台词中教会我们的那句话：随缘，比较没有负担。

《栀子花开》，最难产的孩子

当多年过去以后，我们再想起舞台剧《栀子花开》，会想到什么？是剧中邱林那句“在我还能坚持的时候，我绝不会选择放弃”？是时常在清晨起床时会哼起的主题曲《梦幻岛》？还是苏妙玲每次复排时依旧会留下来的泪水？

2014 年年初，《爱情短信》还在巡演，我接到高华云的电话，电话那边说何炅老师要做《栀子花开》IP 的全线产品，院线电影已经在筹备中，舞台剧看看我们是否希望合作。那通电话开启了这部舞台剧十五个月的创作之路，从确定张慧导演开始，到 2015 年 6 月首演，我们已经数不清聊过多少个编剧，推翻了不知道多少版剧本、多少个故事。

当时，我们已经做过那么多青春类型的剧目，同时随着那些年电影市场的青春片扎堆儿，观众对于青春题材的审美已经越来越高，这次《栀子花开》既然要做，就一定要做一个不同于以往的。也正因为如此，我找来在多数戏剧业内人眼中相对文艺的导演张慧，希望在这样一个看起来已经足够商业的 IP 下，能有更多走心的表达。

跟张慧的相识是在 2010 年，晓威写完《李雷和韩梅梅》剧本以后，我们在商量导演人选。最开始我们还没有确定由晓威来执导，在当年晓威和朱珠的职业更偏向于职业编剧。于是晓威推荐了他的同班同学张慧，我说好啊，之前看过她的几部戏，都很不错，印象深刻。我清晰地记得碰面那天是在南锣鼓巷，学校旁边的餐厅锣鼓洞天，尽管那一次由于时间原因未能合作，可是那天对于眼前那个充满着热情和直率的师姐，却一直记忆犹新。后来她的每一部戏我都会去看，《我是月亮》《进化论》《无声尖叫》，等等。而除了当年的《李雷和韩梅梅》，后面几部戏也曾几度希望和张慧合作，直到《栀子花开》，方才如愿。

这一次跟之前的很多剧目“先剧本后导演”的方式不一样，我希望和导演一起挑选剧本和决定编剧人选，而刚好张慧是个极度看重剧本是否能够激发创作欲望的导演。我们认为如果无法打动创作者本身，不能激起强烈的创作欲望，那么创作出的剧本就无法打动观众。带着这样的要求，我和导演从 2014 年 3 月开始，跟各种类型的编剧碰面、聊天，尝试了多种故事的走向和可能性。由于何老师对于整个《栀子花开》的定位是“不怀旧，正青春”，这注定要讲一个 90 后当下大学生的故事，所以我们从年轻编剧入手，甚至包括非科班出身、综合类大学的写手，我们期待，也许可以带来跟常规不同的东西，从他们身上看到当下大学生最真挚的故事和感动。可是其中有一些人说，自己身边没经历过什么感动，就像张慧所说，我们最怕看到那种对世界没有怀着爱的心态去对待的编剧，而另外还有一些人，则是无法把想法通过故事呈现。最终，我们希望“另辟蹊径”的尝试失败了。符合我们想象的编剧太难寻觅了。我们这几个人甚至曾经整天整天开会，大家讲自己的故事，讲自己看到的故事，讲自己曾经被感动的故事。我们也会拉着身边关系好的人一起来场头脑风暴，一聊就是一个下午，天马行空，可是常常最后没有得到帮助。那段时间，我们对于故事最为迫切的时候，我甚至还亲自写过两稿大纲。我后来常常说，把制作人逼到自己都开始写大纲了，可见到了多么无路可走的处境。在 2014 年的那个秋天，我的确已经很久没有那般把自己投入到一个创作者的状态里，每天在公司除了跟导演聊故事，就是在下班以后，看遍了日韩的青春电影，看困了就在会议室的桌子上睡一会儿。

直到 2015 年年初遇到杨浥堃，编剧的人选才尘埃落定。

我们选择讲了一个看起来并没有大风大浪、没有堕胎、没有爹死娘嫁人的故事。我们希望在一个相对没有多么离奇的故事里，诠释青春的迷茫、美好、坚持和无奈：

一支普通大学里无人关注的学生乐队 Look Back in Anger，在毕业季即将来临之际，由于队长徐坦无意间 PO 上网的一首《Neverland（梦幻岛）》一夜之间声名鹊起，在此后突如其来的迷茫和变化中，面临单飞诱惑的乐队主唱邱林、带着父母赋予的照顾智障哥哥的使命来到这个世界的周小汤、表面乐天而内心孤独的徐坦、面对爱情没有安全感签下恋爱合约的王健和田羽，这些本来单纯的毕业生，面对一夜爆红之后汹涌而来的名利和欲望，他们到底要选择音乐还是这世界充斥的喧嚣，到底是什么才可以让他们回到曾经最想到的地方。

关于戏中的“恋爱合约”，是取材于身边 90 后同事的真实经历。她真的跟她男友在恋爱的第一天就签下“合约”，我们这些老古董们听到这件事的时候都目瞪口呆。但她的解释让我们觉得又似乎是合理的：恋爱是需要有契约精神的，尤其对于一些自己所能承受的底线，比如，你不可以凭空消失 24 小时以上，否则就要请吃大餐一顿。这种年轻情侣间约定下的小细节，乍听起来有些匪夷所思，了解后却觉得这就是生活中最生动的美好。

对于一部音乐舞台剧当中很重要的“音乐总监”这个角色，我很庆幸刚好在筹备期认识了彭青。我早早就听过她自主创作的《青春多是无奈》那张专辑，小清新，带着淡淡的忧伤，有点大陆版张悬的味道，深受文艺青年喜爱。初次见面是在一个朋友生日，KTV 里我们一见如故聊了很多，后来她被人拉过去唱她写给黄雅莉那首著名的《蝴蝶泉边》，我才发现，原来这个会写会唱的创作人，创作风格蛮多变的。随着接触越来越多，我渐渐发现彭青身上还有很多在她的音乐中没有体现的东西，比如性格豪爽直接、有魄力也精明能干，跟那个唱着“青春多是无奈，多是料想不到的际遇和悲哀”的柔弱文艺女常常让人联想不到一起。但后来我渐渐想通了，这就像很多人听我侃侃而谈地讲发展战略的时候，一定想不到我曾经躲在衣柜里写“景色变得荒唐，来不及回头望”，是一个道理。或许是这个世界常常让我们碰壁，于是我们被撞成很多面，去应付不同的人和事，为了让自己可以面对更多伤害。如果只有一个面，太容易满目疮痍。

主题曲是音乐部分要最先呈现的工作，也就是剧本中那首让乐队一夜成名的《梦幻岛》。导演找的示意方向是GALA的《追梦赤子心》，我很赞同，“向前跑/迎着冷眼和嘲笑/生命的广阔不历经磨难怎能感到/命运它无法让我们跪地求饶/就算鲜血洒满了怀抱”，那是我们想传递的青春的样子。或许是在对于主题曲期待的过程中，对于《追梦赤子心》中毒太深，以至于彭青第一次发给我们《梦幻岛》DEMO的时候，我和张慧总觉得好像什么地方不够力量。然而最终的呈现，证明彭青的坚持是对的。当段博文、左立、苏妙玲、虎虎第一次进棚录音，当我第一次听到成品，我们知道，这就是我们要的《梦幻岛》：“光芒/就算离很远也带给我力量/情歌/要唱只属于我们的感伤/就算我拥抱热烈也会掉进迷茫/年轻/不就是这样。”年轻，不就是这样。后来《梦幻岛》在MUSIC RADIO中国TOP排行榜拿到了周排行最高第四名的成绩，更成为了我们每个人关于《栀子花开NEVERLAND》在脑海中最深刻的记忆，时至今日，每次公司在KTV聚会，还是会点唱那首歌，看着MV当中那些演出的画面，那些关于青春的记忆让人血脉贲张。

除了对于创作初心的高要求，导演张慧也希望故事可以展现出很多不一样的人物，不希望大家觉得一提到大学生就是非常单一的励志和正能量。而是更加追求人物的多样性，每个角色像现实中一样，他们来自不同的地方，有着各自不一样的经历，但无一例外都是可爱的，所以故事一直在找一种可能性，让每一个角色可爱的同时呈现出各自的差异和个性。

段博文、左立、苏妙玲、虎虎，几个主演没有一个是专业的舞台剧演员，可是张慧挖掘到了他们每个人骨子中最真实、最可爱的一面，并且淋漓尽致地呈现到舞台上。很多观众在看到演出后一致说，在这出戏里，看不到表演的技巧，却能看到每个表演者最真挚的一面，好像是我们身边的那些可爱的人，被活生生地呈现在台上。而那些真诚，不就是青春里最让人动容的美好么。

曾经有人讨论《栀子花开》到底是不是一部完全商业化的戏剧。我的答案跟导演张慧是一样的，是否商业并不需要划分真正的界限。“到底如何定义商业？商业就是迎合市场？那么市场又是什么？”“谁喜欢什么谁都不知道，我们只能尽量把它做到可以打动观众，人性是共通的，我从没想过我的观众到底是文艺青年还是普通观众，他们没什么不同。不管是什么样的作品，打动观众都是必须要做到的，无论观众是谁。”的确，张慧做到了，看过联排后的观众们一致认同，导演此次执导《栀子花开 Neverland》不仅没有丧失作品的质量，更在观众受众的年龄层上做到了兼顾。尽管在刚刚开始进入排练的时候，张慧导演的工作方式曾让公司这些第一次跟她合作的同事有些不理解和不适应。在过去，我们合作的每个导演总是能给出特别明确的排练计划，每天都按照计划严格进行。而张慧不会，在开始排练的很长一段时间，她一直在带着演员“玩”，有些跟戏剧有关，也有些看起来跟戏剧和排练毫无关系。这让公司的同事们有些摸不到头脑，唯恐无故增加了成本。可是如今看来，或许恰恰是那些有意无意地让每个演员在彼此面前流露出最真性情的游戏和玩闹过程，才使得这些本没有舞台技巧的演员，在演出时就好像是真的同窗，所有的信任、争吵、推搡、嬉笑、拥抱和泪水，都仿佛是我们在青春中曾经经历过的。

有一次在去外地巡演前，由于段博文无法参演，大家要为了新演员而复排，我在其中一天抽空去探班。由于公司的排练场在排练其他剧目，我们在外面租了一间很小的排练场。在那间小小的排练厅里，我离演员格外地近，我又一次看到他们那么真挚的表演，在那一场结束，苏妙玲还是哭得止不住。晚餐的时候段博文来探班，排练结束后我带大家去小聚。那天晚上，所有人还像曾经在一起首演的时候一样。

《李雷和韩梅梅》百场纪念那天，我们叫了苏妙玲来看演出，演出结束后她跟我说，咱们的《栀子花开》什么时候才能演到一百场，我好希望可以有那一天。是啊，我们曾经从北京出发，到长沙，到上海，到厦门，到兰州，我们相信还有机会，可以把《梦幻岛》唱给更多的人听。

生活篇

或许是这个世界常常让我们碰壁，于是我们被撞成很多面，去应付不同的人和事，为了让自己可以面对更多伤害。如果只有一个面，太容易满目疮痍。

我梦到自己躺在波光上

随着流水漂来 又荡去

我听到睡荷的梦呓

那是飞鸟的引吭

失眠究竟失去了什么

昨晚问候一个家乡的老友，直到今天早上才收到回复，他说昨晚睡了，我问他怎么会睡那么早，他说最近睡眠不好，有一点困就赶紧躺上床。我有些同情，也有些意外，同情是原来有这么多人跟我同病相怜，意外是原来在想象中生活氛围安宁闲适的老家，一样逃不过失眠问题这一心魔。

我家里有个专门的抽屉，装满了各类治疗失眠的药物。包含不同国家的文字、不同类型的包装、不同程度的效果，大大小小琳琅满目。不是我刻意收集，都是朋友所赠。

除了药物，前两天胡寒还送了我一种特殊的枕头，叫做云梦枕，说可以缓解失眠。枕头的造型有棱有角，内含小的扬声器，把枕头里的音响线连到手机上，就可以播放特定 APP 里面的“梦境引导词”，引导词有很多主题，配合不同的音乐和音效，比如“湖畔”“午后阿根廷”“火车”“壁炉”“雨天”“星空”，等等。我试了几次系统置于首位的“湖畔”主题，果然有效果，于是不禁感叹“失眠”已经支撑起一个关于全球人类的产业，同时也感谢科学家们的付出。然而对于“湖畔”引导词很快就已经倒背如流，不再有引人入眠的效果，我开始尝试其他主题，却均无效果。多数的原因是觉得有些阴森，往往会调动我发散的思绪。于是这个被精心研发的云梦枕，就在仅仅伴随了我两三晚的快速入睡后，被挪到衣柜里了。

除了这些外部措施，我自己当然也曾尝试过太多种与失眠抗争的方式。开始的时候当然是最风靡世界的入门级失眠治愈技巧——“数羊”，我很快就跳过了单纯的数羊方式，加入自己的附加方式，比如想象羊群的画面，并且把它们排成五个或者六个一排，数完一排就像敲回车键一样开始下一排，数字就会越来越大，一排羊也很快成为排列整齐的羊群；当这种方式也不奏效的时候，我有一段时间在用数羊的方式来“数那满宇”，“那满宇”是我同寝室同学的名字，由于他是我身边朋友里面表情较不丰富的一个，大学的时候每次喝完酒他常常一脸呆板，所以就想他一副面无神情的样子，很快会睡着。

后来“数那满宇”也无法入睡的时候，我还曾短暂地尝试过“微笑睡眠法”，就是想象一件让自己开心的事情，同时舒展眉心，把嘴角微微上扬，以心满意足的状态入睡。据说这种方法还有一种好处，你也许还可以做个美梦。这是爸爸告诉我的，说对他很奏效，但对于我却没有听起来那样简单。原因是，我常常想不到让自己开心的事，一件开心的事背后，一定会扯出其他没有边际的思绪，千丝万缕，环环相扣。

有一段时间，随着失眠越来越严重，我格外关注治愈失眠的一些文章，朋友也时常会推荐各类治愈失眠的技巧。其中包括曾在一段时间偶尔奏效的“四肢入睡法”，整个人平躺在床上，脑海中想象四肢在以顺时针的顺序逐渐放松，慢慢默念“我的右腿睡着了”“我的右臂睡着了”“我的头睡着了”……还有我试了一次就放弃的“呼吸法”，吸一大口气，憋住十几秒，再慢慢呼出，循环往复。我自己常常用的还有“冥想法”，想象自己躺在一叶扁舟上，暖暖的阳光洒在身上，随着湖水轻轻摇曳，或者想象自己和最好的几个朋友乘坐一艘太空飞船进入宇宙，在有限的飞船空间里要度过漫长的十几年……

由于备受失眠困扰，导致我也一直试图探索失眠的原因到底是什么，探索的入口就是夜晚跟白天睡眠情况的绝对反差，白天的时候特别容易入睡，在车上、在办公室准备开会前、傍晚准备出门健身前，在知道自己睡不了多久的情况下，或者没准备一定要入睡的情况下，反而入睡最快。因为明知道自己睡不了多久，所以不强制自己一定要入睡，只是希望短暂休息，所以反而没有负担。

我们越是想要快速靠近一个目标的时候，往往离目标越远。

失眠，失去的其实是“平常心”。

我们在乎的太多了。从小的时候，我们在乎成绩，在乎名次，在乎自己得了多少小红花；后来，我们更要在乎中考、在乎高考、在乎七大姑八大姨的期待；再后来，我们要在乎找了什么工作，谈了什么恋爱，数数口袋里的积蓄盘算着在这个城市的哪个角落可以拥有一扇窗。

而对于我，我太在乎别人会怎么看待我。我在乎别人的误解，害怕别人的失望。2015 年有一段时间，我每每想到田晓威和朱珠便常常夜不能寐，辗转反侧。晓威和朱珠是多年来合作最多次的编导夫妇，不仅仅是合作，我们还是可以推心置腹、可以把酒言欢的老友。我们曾经在演出结束后逗留在剧场门口不愿散去，我们在机场指使徐岑子假装粉丝去迎接伊扬然后自己躲在柱子后面捧腹。我无法接受我们的关系出现罅隙，或者因为听了旁人的言语而生出误解。所以存在误解的那段时间，我常常会在晚上想起，想我们如何才能回到过去。我跟自己说，我们一定要回到过去。我想到我们见面的场景，想象我希望说给他们的话，想到睡不着。直到有一次我终于拿起手机跟晓威约定了见面时间，那一晚才勉强入眠。

类似的情况，我也在乎着曲晶、郭旭、谭昊等这些事业上的左膀右臂，在乎一直以来我对他们的亏欠，何时才能弥补他们的青春；在乎着所有合作方对自己的评价和想法，当某一年的两部戏接连遭遇市场冷遇，我每每想到参与了这两部戏的联合出品方，都觉得无言面对，尽管我没有对他们议价一分钱，尽管在面对市场压力的时候我在真金白银上承受的赤字比他们大得多，可我还是无法对待他们安之若素，不管他们在不在意，我却连朋友圈都不想让他们看到，希望在剧目的情况好转之前，他们尽可能地少一点想起我。

无法心无所恃，无法随遇而安，无法既来之则安之，无法船到桥头自然直，无法像吴念真老师剧本里所写“随缘就无负担”。

2015年《功夫熊猫3》上映，里面阿宝因为最终领悟到乌龟大师的“INNERPEACE”而打败终极劲敌，不管“INNERPEACE”翻译成“平常心”还是“心如止水”，我们都无法评判“INNERPEACE”是不是真的可以像电影里那般出神入化，因为“平常心”是种太多人都在追求却太难真正得到的境界，这境界距离太多人都遥不可及。我们不知道“平常心”到底能为我们的人生带来多大的能量，只能努力靠近。

我的很多网名都叫做“XXX平常心”，无论前面是我的英文名抑或是名字的谐音，重点其实是后面那个词的自我暗示。

通过不停的暗示来调整心态，或许是我们在忙碌纷杂的生活中唯一能做的努力，唯一能让我们更加靠近“平常之心”的方式。

去爱吧，就像没有受过伤害一样

蔡康永曾在一篇微博中这样写道：

“上段恋情，全心投入，结果重伤。于是这次恋爱怕受伤，很保留。这意味着上次那个伤你的烂人，得到最完整的你，而这次这个发展中的人，得到很冷淡的你。我知你是保护自己，但这若是做生意，你这店一定倒。永不再来的恶客，得到最好服务，而新客上门却备受冷落，这店怎么不倒？”

对此我一直深信不疑。

好友 W 在早年一直情路坎坷。跟我一样在大学毕业就创业的她，早年遇到的几个人皆非命中人，几年下来，遍体鳞伤。大学的时候，她的四年都耗在一个人身上，后来由于对方家里并不认可她的工作，加上对方在毕业后远赴海外读研，二人从此离别。W 在后来的几年里，曾两度遇到劈腿男。这并不像她独立而温和的性格。第一次的时候，W 刚刚毕业不久，也许是大学感情留下的空缺，同在一个工作环境的一个小她两岁的男生，让她觉得呵护有加、幽默风趣、常常做事冒险的这位小男生，恰好是心中敢想不敢为的那一面。在一次全公司集体的长期出差过程中，W 和这位小男生开始形影不离。然而不久她终于发现小男生已经有在一起两年多的女友。W 面对这种备受委屈、没有名分的暧昧，想要第一时间尽力抽身，却为时已晚。毕竟在一个工作环境，小男生时常的挑逗和主动接近，持续在她的心里泛出涟漪。在挣扎了几个月后，有一度小男生要跟女友分手，由于原因并不是 W，W 一边可以不去面对自己的愧疚感，一边在小男生给的希望下，甚至还曾傻傻地再次燃起对两个人未来的希望。当这一次最后的希望落空，小男生也终于在 W 的劝慰下离开了公司，这段竹篮打水般的感情才画下句点。

第二次类似情况来临的时候，W 似乎已经聪明很多，从开始到全身而退，只用了一年时间，也许是这一次与上一次过于相似。W 和小易在一次聚会上一见钟情，很快发现小易已经和女友在一起七年之久，也许是因为已经经历了“七年之痒”把爱情幻化成亲情，小易一边无法放下相恋七年的女友，一边和 W 保持着若即若离的关系。W 吸取上次感情的经验，尽量把两人的关系处理成普通朋友。可是一边是不能因为自己而影响别人感情的道德感，另一边是小易一直说在碰到她之前就已经打算和女友分手所带来的隐隐的对于未来的幻想。在她最举棋不定的时候，我陪她去找露露喝酒，她说不知道该不该等，露露说，如果你们彼此很相爱，那么你给自己一个期限，也要让对方知道，你不可能永远等下去。于是 W 在心里面，把期限设定为第二年的生日。在将近一年的时间里，她和小易曾和好友一起去纽约看戏，一起去首尔跨年，倒数中的感情，一切变得平和。当第二年 W 生日来临的时候，在小易向她发来“生日快乐”的微信之前，他们并没有任何不一样，可是那条“生日快乐”，好像成为两个人心照不宣的道别语，从此，相忘于天涯，再无联络。小易无法迈出那一步，W 不想让他有更多压力，但也不会再等。他们彼此都不记得，这个契约是什么时候，在各自的内心经历纠缠后，达成得顺理成章。尽管这种平静甚至让人怀疑这一切有没有发生，但是对于 W 来说，是个最好的结局。

和小易分开以后，W 一边隐隐疗伤，一边失望，同时也在努力思考，究竟问题出在哪里。一次萨萨跟她说，你应该找一个跟你同样在创业的人才行，那样的人会真正理解你。后来 W 在心里给自己的目标对象规定了明确要求：瘦，短发，同样在创业，接受过良好教育，家境情况跟自己类似，身高不能太高，不能太矮，不能太富，不能太穷，最好跟自己差不多，有类似的价值观，长相最好是“土帅”类型。我跟她说，这个人，可能还没有出生。

2015 年夏天，W 已经空窗近两年，她也不再像以前一样，那么急切地希望有人陪伴。一次我陪她去看一个朋友的浸没式戏剧，在南锣鼓巷的“皮娜鲍什”，所有应邀而来的观众在三层空间中自由走动，我和 W 坐在沙发上的时候，突然有人来跟她说，请问你是 xxx 公司的 xxx 吗，她说对，对方说，我从你们公司开过发票，你们也在我这走过账，虽然都是跟你们同事联系的。然后我看到两个人目光中的火花四溅，旋即二人加了微信。两个月后他们以工作合作为名第一次约会，中秋节的晚上，花好月圆，对方叫 D，他们从晚饭到小酌，喝到微醺。W 说，她很久没有看到过那样的目光。对方的目光游移在她的双眼之间，充满光芒。通过整晚的畅聊，D 就是那个我所说的还没有出生的人，不仅在那次看演出时一见钟情，并且符合她的一切预期。她本以为终于遇到对的人，却在聊天中得知，D 从美国研究生毕业回国创业一年多，一直有一位在美国的华人女友，虽然由于跨国、由于知道未来无法再同行，已经很少联系，名存实亡，但还并未真正分开。W 如同五雷轰顶，她不知道，上天还要跟她玩多少次这样的把戏。然而彼此的好感强烈，那次之后，情投意合的两个人每天从早到晚都在微信联络，也常常见面，虽然没有任何一句话触到爱情，感情却在迅速升温。两个月后，W 在是否要继续投入的挣扎中，想了又想，终于决心，想要减少伤害，必须尽早做出决定。

她又一次找到露露。她想跟露露说，这一次，她彻底害怕了，怕了像前面两次一样，她想放弃。

那晚在露露家，露露跟她讲起自己和萨萨当年的故事，他们相识那年，彼此分别有在一起六七年的男女朋友，然而熟识后犹如天雷勾动地火，一发不可收拾。火焰在各自内心蔓延，各自每天都辗转难眠，却一直暗自憋在心底，没有一方迈出那一步。直到有一天晚上，露露实在无法忍受这样的煎熬，她打电话给萨萨，约在长虹桥的天桥上。两个人见面的第一句话，是同时张口的“怎么办”。后来露露在天桥的阶梯上痛苦了许久。也是那晚，两个人才最终决定，冲破当下的生活。露露说，如果没有当年的那通电话，或许就这样错过真正对的人，就没有后来大家看到的美好。而后来，身边所有人，无论当年支持与否的人，都看到最好的结果。他们的幸福到现在历经近十年，却毫未褪色。所以，没有什么对不对，只有是不是真的合适。更何况，男未婚女未嫁，对方的现有感情又本身就名存实亡，任何一方都心知肚明。

露露跟 W 说，你已经经历那么多，你应该已经知道这个人到底是不是你想等的人，如果是，至少要让对方知道你的感情，而不是相互都在猜测，也只有让对方知道你的感情，他才会知道下一步到底走向何处，或者说，才能要到对方的一句话。不会有什么是比两个人都留在原地更差的结果。无论最后结果怎样，至少未来不会后悔。

《三姊妹》是露露所在的导演系 2000 级入学 10 周年时刚刚重排过的剧目。海报上写，“去爱吧，就像没有受过伤害一样”。

去爱吧，就像没有受过伤害一样。这句话在那一晚，好像点醒了 W，她为遇到这句话而倍感幸运。

在那之后，她终于敢于继续面对 D，甚至以最坦诚的感情。尽管由于处在恋爱中的迷惑，常常需要让露露来为他们的对话出谋划策，到底如何才能在表达情感的同时，又不至于太过火。比如一次 D 在微信里抱怨自己一个人生活，衣服来不及晾干就堆到床上快要长蘑菇了。W 完全慌张地接不下去。她截图给军师露露后，她只回了四个字“爱，莫能助”，D 回复调侃着说：“你真会玩文字游戏。”她回复：“我从来，都没想过要玩游戏。”据说后来关于这样的例子数不胜数，而“爱，莫能助”这样的回复也得到我们这些朋友交口称赞，妙得恰到好处。

然而这期间 D 一直在日韩出差，二人的微信对话即使再精彩，依旧抓不到摸不着。以露露的建议，他们到了必须要见一面，摊牌并深谈一次的时候。

可这一次的见面并没那么容易。D 回到北京的时候，W 刚好去上海出差。由于 D 几天后也要到上海，两个人早早就约定了彼此行程中会在上海重合的那一天。

关于那一天，是 W 期待已久的。经过了足够多的铺垫，二人心里都已经心知肚明，她有一肚子的话想对 D 说。

然而就在那天傍晚，W 联系不上 D，也不知道本来约定的晚上见面的计划究竟应该如何安排。等了几个小时才终于联系上时，D 说他的行程改变了，要第二天才能到。他明知道 W 第二天一早就要离开上海。而且 D 的态度不以为然。W 觉得，她的一切想象和等待，都彻底幻灭了。

W 并没有留下来等 D 第二天来到上海。因为她已经试图问过对方，那是她最后一次妥协。可是 D 却说，不要影响你的计划。W 在上海虹桥机场候机的过程中，终于发出了那条，她经过一整晚辗转反侧准备的微信。她说，我们到此为止吧，从此不必再联络。她本想说，其实她只想要一句话，等，或不等，如果等，她多久都愿意。但她没说，因为她相信，他都明白。露露曾对她说，D 的情商可比你高多了。

后来的一个月，他们真的全然断了联络。就连曾经的聊天记录，也被 W 清空。

但即便如此，即使连续经历三次类似的挫败，W 依旧没有怨天尤人。她常常引用一段歌词：“众里寻人，错爱只是为真爱作证，所谓魔鬼留下的伤痕，都是天使的指纹。”孙燕姿这样唱。这首歌，在那段时间，陪伴她无数次。

整整一个月后，D 突然发来一条微信：“Hi。”她收到的时候，说不上欣喜。

她第一时间向我们求助，晓东说："看吧，渣男又来纠缠你了。"露露说："他应该是决定，要清清楚楚地跟你在一起了。"露露说对了。

D 的那段名存实亡的跨洋恋情彻底结束。尽管并没有人知道，到底是谁先说出的那句话。后来 D 说，之前他的确在逃避，因为他觉得自己在当时的处境里没有权利给 W 任何一句话，直到他真的恢复自由身。这样看来，D 是个挺有原则的人，我们后来常常这样说。

D 讲出来的那一刻，W 说，她当时心里响起"终于等到你"。

终于等到你，还好我没放弃。

到现在，W 和 D 已经在一起将近三年，说长不长，说短不短，却经历了比平常情侣更多的考验。他们陪伴彼此事业上的最低谷，经过了两个人从小到大最穷的日子，甚至最差的时候同时负债累累；他们经历了彼此的重病，她为他在医院陪夜，他每天背她下楼；他们经历了对方家里的重要变故，她的长辈去世，他的家人差点经历牢狱之灾。他们也终于打算，在今年年底完婚。

如今我们每次跟露露一起聚会的时候，W 总要举杯敬露露一杯，只为感谢那句话："去爱吧，就像没有受过伤害一样。"

我的梦想是匹赛马，无法奢求所有人都下我的注

有些人，有些事，纵使陪伴我们很久，该离开的时候还是要离开，就像花开花落，云卷云舒，我们无法奢求一件事物因为它的美好，就可以永不发生改变。

郭旭做出离开公司的决定，是我始料未及的，尽管我曾无数次担心过。

上周一开完公司开年的第一次例会，他过来跟我说：

“老板，我想说个有点严重的事。”

“是郭月要离职吗？”我故意装作轻描淡写，多希望他说的不是这类事。

“不是，是我。”

这个画面曾在我的设想中出现过很多次，包括在今年春节期间，我从跟他的微信对话里感到一丝丝寒意的时候。但是当这一幕真正发生，我只希望听到一个可以扭转的理由。

“哦。那是郭月的意思吗？”我放松表情抽了口烟，下意识地并没有直视他的目光。

“也不是吧。其实我并没有找下家，我也不知道以后会怎么样，只是想换个环境，有点不想再做舞台技术方面的工作了。”

“那很简单啊，咱们下半年开始会有一些影视项目，我之前也想问你有没有意愿转向现场制片。毕竟你从小在影视剧组长大，至少对现场有概念。”我并不是现场应变，这的确是我一直在为了能让他们未来有更大空间而做的打算。

“今年春节回郭月家，她们家里也催着今年要赶紧办婚礼。”

我以为是他一直以来薪酬较低，所以想跟我说手里的钱打紧，但他继续说：“所以上半年可能主要得忙活这些事，婚礼加答谢要办好几场，公司有项目肯定也顾不过来，我想也别给公司增加负担，底薪就别发了，偶尔有项目我还是可以来，然后等下半年消停了，我再做打算。”

“公司虽然不富裕，但也不缺你这几个月底薪的钱呀。”

一根烟抽完了，我一边上楼一边继续说，“现在公司的人事由李总分管，我会跟他商量一下。刚才开会的时候我也说了，本来也打算这周要一起坐坐聊聊天，我们约一天坐下谈。”

我们约在了那天的晚上。

见面前，有一肚子的话在心里面翻江倒海，恨不得一见面就全部说给他。晚上八点约在我家楼下的餐吧，去年有一次排练结束，我心情很糟，拉着他曾经在那里陪我小酌。见面的时候没有丝毫他要离职的尴尬氛围，让我有一种错觉，这次的聊天好像还跟从前一样，他听我诉说烦闷，聊聊近期的工作，然后最后他会说他实在喝不下了。落座的时候我的状态很差，一天的工作已经令我非常疲惫，所以大口喝了两口酒，让自己的精神稍微亢奋一些。抑或是为了让自己满肚子的话可以在酒精的激发下一字不落，我一个字都舍不得落，好像错过这次，就会后悔很多年。

“其实我一直害怕会有这样一天，因为我知道一路上，一直亏欠你们太多，我一直害怕你们会有某一个人，在某一刻跟我说顶不住了。我也知道你会有很多不满的地方，比如一直以来的薪资，比如付出和收获不成正比，但是我今天想要挽留，更大原因并不是你的工作无可取代，尽管或许别人不会像我们这么默契，但更大的原因是如果把我放在你的角度去考虑，是绝对不会在现在这个时候离开的。第一，已经苦了那么多年，熬了那么多年，好不容易大家一起撑到即将爆发的时候，现在离开未免太可惜；第二，从我的角度来说，也是因为这样，我觉得我亏待了你们那么多年，终于迎来即将可以补偿你们、让你们有更大发展空间的时刻，如果你现在离开，我会一辈子都觉得亏欠你，因为你离开的时候，我还没来得及补偿。”

也许是因为压抑了一下午，我一口气说了一整段最想讲的部分，已经顾不上他是不是能全部接受，我希望我由衷的劝慰可以像一大盆温水，把他拉回从前的温度。

那天我们没有喝到他说他喝不下去的程度。

一整晚气氛融洽，尽管他说还是希望回去想想。我到现在还是认为，他所谓的回去想想，更多的还是要跟郭月商量商量，但是我全然理解。

后来的一周里，我常常回想起郭旭从 2012 年到如今，四年来的种种画面。除了曾在《谢谢你们，每分每秒的青春》中所提到的那些故事，还有一次让我印象最深。已经不记得是哪一年的七夕，《李雷和韩梅梅》应邀去朝阳大悦城的特别策划进行片段表演，由于是在商场中庭搭建的舞台，所以后台就在一个像走廊一样的过道里面，窄窄的一条，一边堆着半个小时表演所需要的服装、道具、化妆箱，等等，片段演出很快就结束了，由于商场嘈杂，演员和其他工作人员也很快就各自散去。我由于要跟主办方寒暄，所以留了一会儿。回到走廊后台去的时候，只剩郭旭和郭月夫妇两个，他们都没怎么注意到我进去，弓着腰在整理各类服装道具。对比刚刚台上演出的欢乐旋律以及台下的嘈杂人群，这一刻，这个空间格外安静。五彩的声光背后，总会有那么几个在演出结束后杂乱和狼藉的后台劳碌着的背影。我看到桌子上的盒饭，叫他们快来吃了再收拾，我知道只要桌上有留到最后的盒饭，就一定是他们还没吃。他们还是坚持全部收完了才吃。我在背后拍下了他们俩在一张小小的桌子上吃盒饭的照片。他们穿着海魂衫，那是“李韩”的象征。郭旭本来就驼背，所以在照片中，那个干瘦干瘦的背影显得格外让人心疼。

郭旭虽然年纪比我还要小两岁，但却比我懂得控制情绪，四五年以来，我只看过他在巡演时两次在后台发火，跟一些当地演出商找来的不专业的工人或者一些剧场欺人太甚的工作人员。

我也只见他哭过两次，一次是在东方剧院的后台，他捧着一大束玫瑰，当着所有演职人员的面跟郭月求婚，郭月还没哭，他自己说求婚词说到一半就已经泣不成声，于是郭月急忙说“我愿意我愿意”；另一次则是他正式进入公司前，还是项目制合作，大家在从《后青春期的诗》保利院线巡演回来的庆功宴上，我开玩笑地提到他和月月什么时候领证，他说月月家里觉得他没有固定工作，他自己也觉得对人家没有交代，也许是加上酒精的助兴，他说着说着就哭得像泪人一样，月月在旁边劝他，我只好含着眼泪安慰。那次过后，我把他以正式身份留在公司，心想虽然待遇不算高，但至少有一部分稳定的薪水，大家一起成长，未来一定会好。现在，他们已经从之前为领证而准备，到四年后终于准备办婚礼。不同的是，那时候他即将正式进入公司，而现在，他即将离开公司。

一周后，我收到他出乎我意料的决定。他说经过一个星期的慎重考虑，还是决定离开，尽管对于未来一切都是未知，也只能等到忙完婚礼再做打算。

这次我没有再去挽留。一周前的那次长谈，我已经把一切想说的话都说过了，再没什么可遗憾的。

在回复栏里面发呆了半天，最终还是只回复了“好”。

这一定不是我们最后的对话，却象征着一个时期的结束，这四年多的时光，相信不管对于我还是他，都刻骨铭心。我多么希望他能再咬咬牙，跟我一起走下去，哪怕再一年，都会看到完全不同的风景。

然而太多故事，都会戛然而止。中止的速度太快，甚至来不及回头望。

后来过了几天再回想，内心平静许多。

其实每个员工选择跟随什么样的老板，就像是在赌马。赌注很大，少则是要错失很多机遇和诱惑，多则是十年青春。而每个老板都无法奢求每个人都愿意一直下自己的注。

流水的办公室，铁打的一辆车

公司又要准备搬家了，朋友听闻以后目瞪口呆，感叹说你们真是一年换一个地方啊，我如果开玩笑就会说“发展太快没办法呀”，如果严肃回答则是“因为这地方要拆迁了”。

回想 2009 年创业到现在，换过的办公场所的确已经有六七个。

2009 年，公司只有我一个人，办公地点是我家客厅，就连发票机都常年在沙发边上，我还可以用电脑上的票务系统在家出我们的话剧票。

2010 年，我在东三环边上的一个商住两用公寓楼里租了一间小隔间，大概只有七八平方米，能坐下两个人和放一个小沙发，四周有两面是镜子，看起来比实际上大了那么一丁点儿。后来听人说那栋楼以前是烂尾楼，常常闹鬼，于是我就也觉得好像的确楼道里阴森森的，再也不敢晚上一个人去办公室。后来那个办公室更像是个储物室，有一半都被我们的海报、印刷品和小道具堆满。

2011 年，我表哥说他的公司空了一间办公室，同时还能再给我两三个工位，于是我和谭昊两个人每天去西北三环上班，偶尔小草和曲晶也会去，我第一次有了自己的老板间，一出老板间就是谭昊的工位，我终于不用自己去人支票、

公司搬到三里屯附近的胡同，我们第一次有了自己的排练厅

开发票。

2013 年，我搬到崇文门附近的北京汇，60 多平方米，每个月不到 6000 块钱，虽然没有了自己的独立办公室，但是除我之外可以坐四个同事，还有一张小圆桌可以用来开会。但毕竟不算什么正经的写字楼，如果运气不好路边没有车位，那么只能把车停到隔壁楼地下去。那时候我们最常点的外卖只有那么几家，每个人都快吃到吐，旁边的崇文门新世界百货则是我们最常请客户吃饭的地方。

2014 年，我们终于有了点正经公司的样子，东直门桥边的东方银座写字楼，我们在 22 层，落地窗外，脚下就是东二环的车水马龙。我们能坐下七八个人了，不仅有了一进门的隔断，还有了独立的会议室。我常常在大家下班以后，只有我一个人的时候，躺到长条会议桌上，拿一包抽纸当做枕头，小睡一会儿然后去楼下的健身房健身。

2015 年，我意识到在外面租排练场有些不划算，不仅单日租金高，而且由于排练场资源紧俏，我们甚至一个戏要换好几个排练场，排个戏，跟孟母三迁一样。而我也常年要奔波于公司和排练场之间，路途费掉的时间成本根本无法计算。于是我决定要有自己的排练厅，要把办公室和排练厅放在一起，干我们这行的排练厅不就相当于是自己的生产车间吗，怎么可以生产车间不在自己的眼皮下呢？可是能满足排练需求、价格又便宜的场地简直是可遇不可求。刚好赶上好友要在新东路附近的一个胡同里开餐馆，聊天的时候他说他要租的那个地方旁边有个菜市场，好像要取缔了，挑高够高，也不扰民。于是后来，我们就把那个二百平方米的菜市场租下来，经过重新装修，变成了排练场和办公室，每每来了客人，若是不说，根本想不到那里曾经是个脏乱差的菜市场。那一年的《栀子花开》《滚蛋吧肿瘤君》以及后来的《金龙》，都是诞生于那里。

2016 年，在新东路的办公室再一次无法满足工位需求，公司终于如愿以偿地搬到了“艺术园区”，双井桥东，类似独立的二层楼，楼下排练，楼上办公，虽然整个园区环境并不尽如人意，但是黄金地段，无需装修，又有独立的老板间、财务间、大会议室、小会议室，搬进去的时候还是让我兴奋不已。看着整个外墙的玻璃结构，觉得总算是有了点向大公司迈进的意思。

可是好景不长，到了 2017 年，刚刚在红点艺术工厂一年的时间，我们发现路边的门面开始被整改拆迁，艺术园区里面也不再整年续租，或许是随时都可能被拆掉。于是我们再次向东迁徙，即将搬到东四环外的唐家村五号院，这次终于可以签约五年，空间上也可以满足更多工位需求，未来几年应该够用，基于此才打算有史以来第一次好好地装修一番，希望同事们在这里可以找到像在家里一样的归属感。

相对于几乎每一年都会变动的办公场地，面积越来越大，越来越符合公司发展的需求，截然相反的则是自己的车。从 2010 年年底到现在，这辆陪伴我将近七年的车，也成了公司周转的“功臣”。的确就像很多报道中提及的那样，在创业这些年里，有几度最艰难的时候，都是将这辆车拿去抵押，撑过周转期，前前后后的三四次，加在一起将近有小一年的时间。

而这“功臣”的身世，还要从北京限行政策开始说起。2010 年年底，爸爸不知道从哪听来的消息，说北京即将要机动车牌照限制发放，并且限制外地车牌行驶，也就意味着我当时一直开着的那辆吉林牌照的车即将在北京寸步难行，爸爸说年底前一定要在北京买车挂上北京的牌照。这话说了没几天，每天晚上我走环路回家的时候都能看到好多辆运输轿车的大挂车，一挂车一挂车地把新车运到北京，随即，北京的各大 4S 店的现车被抢售一空，打电话去问，多数车型都会得到没货的回复。没什么太多选择，在预算范围内，找一辆差不多的就行。而我这辆小 E，是当时全北京同款车型仅剩的两辆之一，什么颜色排量配置，根本没得选择，能抢到就很好了。那段时间大家买车，就像在菜市场买菜不要钱一样。到了临近限行政策出台的最后两天，甚至听说很多 4S 店里都是连夜排队交车款。

没想到就是这样一辆没有选择的车，一陪伴我就是七年的时间。不仅多次支撑公司渡过难关，还经历过在路边被砸碎车窗偷走后排座的电脑包的事件，也无数次被塞满了演出结束后的服装道具。

如果将来有能力，我希望可以把它一直留存下去，当做曾经最艰难时期的功臣，供起来，以示纪念。

办公室，完全像是公司的发展历程，而一路走来都未曾变过的这辆车，则好像更像是我自己。

演员是个职业，跟你们的职业一样

当“天价片酬”又一次成为媒体热议的话题，当艺考生的数量每年都还在直线上升，当网剧、电视剧想要请一个当红主演就必须准备好数千万的片酬还不一定能争取得到，很多人问我，当时怎么没考表演系，也做一名演员，我却从未后悔或者动摇过。

一方面是知道自己没有做演员的天分，另一方面，则是身边太多从事演员这一行业的朋友，深知这行绝对不是外界想象中那么容易成功和光鲜，甚至比其他行业的成功几率更低，一个演员成名的几率，跟你想要成为马云、马化腾、柳传志的几率是一样的。

大学四年，在学校期间的确毋庸置疑，表演系的同学是最受瞩目的一个群体，不说别的，就说毕业大戏，永远是中戏校园里关注度最高的话题。毕业大戏是表演系、导演系两个系的专有，表导两系的每个班在毕业时都将会有三台毕业大戏，也就意味着每个学期，表演系和导演系两系大三、大四两级的各个班共计会有十台以上毕业大戏上演，毕业大戏除了成为大家汲取戏剧养分的来源、讨论的核心，也成了其他各专业实践的良田。而其他各个专业，舞美、灯光、服装化妆，当然都是以配合台上的演出为己任，除了宣传册上的名字，通常不太会有人看到这些幕后的同学们，而像我所在的艺术管理专业，通常以舞台监督、助理监督或票务宣传的角色参与到毕业大戏当中，虽然可以积累下不少师哥、师姐的资源，实则存在感非常弱，说得好听是“监督”“统筹”，其实干的都是切换道具、购买道具、发发宣传单页的活。后来才明白，学管理的从底层干起没什么不好，如果没在剧场拖过地，没在街上发单页被城管抓走过，如何能对一切细枝末节都了如指掌，如何能在未来做好制作人？我也异常感谢那些在学校跟戏的日子，因为后来身边所有成了朋友的表演系同学，都是在当年结识的。

也正因如此，后来我们合作的演员中，绝大多数都来自于曾经的师哥、师姐、师弟、师妹，也是通过他们，我才对于演员的职业之路耳濡目染。

在学校作为助理监督参与大我三届的表演系毕业大戏《死囚的梦》时，关系最好的师哥是 YZ，在当时，我认为他是那个班里面最有可能在未来有所成就的，他戏好、人好、成绩好。他常在临近上场前练嗓发出气泡音，当时的我看着他都觉得替他紧张，他却丝毫不会怯场，我在侧台看着他满怀自信地走到台上，面光打在他的脸上，台下是北兵马司剧场的观众席，那个画面至今仍会时常出现在我的脑海中。当年每一个在台上的师哥、师姐，都仿佛自带光环。他还会时常在寝室楼道里边走边哼唱着仿佛是自己编的曲：“今天好天气，老狼请吃鸡，你打电话我不接，你打它有啥用呀……”类似 YZ 这样通过跟戏相识，并且全心全意看好对方前程的还有像 2004 级的 LY、2005 级的 QL，等等。当年当我第一次接触社会上的广告公司、影视公司，但凡觉得有机会，还会推介并且带着这几位师哥去“见组”。

那个时候，我跟所有人一样，总是很容易地觉得某某某好像就要红了。当 2003 级的某师哥演了《梅花档案 2》的男一号，当我的同届同学演了新版的五阿哥，当王闯的同学签约了华谊出演了《唐山大地震》中一个小小的角色，我们都会为之兴奋不已。然而在毕业后，大家渐渐断了联系，只能偶尔问问对方的动态，甚至曾经2003级那个演了《梅花档案2》、我们都认为很快就会走上巅峰的师哥，都是在前些天，看到某热播电视剧中他出演的戏份并不算很重的角色时，才又突然想起，曾经在他毕业大戏庆功宴时，作为工作人员的我居然莫名地喝多了，回到宿舍楼下，被同学架着的我远远地看到他在操场上，于是朝他大喊着说了很多话，大约就是你演得特别棒，或者是戏里的一些台词，我后来怎么也记不起来，想必他也早把这个傻傻的师弟的酒话忘记了。

YZ师哥在刚刚毕业时我们常常有联系，他天性不爱社交和应酬，在学校时的朋友不多，反而我这个隔系的师弟，好像比他们同班的其他人跟他相处得更紧密。他有好长一段时间一直没有戏拍，他说演员最怕待着，再这样待下去，功就废了。他说老家有个家里人帮忙找的国有单位的工作在等他回去，他没想好，要不要回去吃闲饭。我有些着急，甚至有些怀疑自己，曾经那么看好的演员，为什么居然连拍戏机会都没有，可是当时还没上大三的我，对于一切都无能为力，我能做的，就只有帮他搬搬家而已。转眼十年过去，他一直都没怎么拍戏。前段时间偶然打了个电话，感觉他现在已经在跟着他的老板做制片方面的工作，比以前善于言谈很多，也会像其他制片人一样嘴边常挂着“关系”“资源”“合作”。我没有问他现在还拍不拍戏，那通电话并没有维持很久。

身边的中戏表演系毕业生，像YZ师哥这样情况的很多，无论是本科生，还是高职毕业生。当红的、被大家记住甚至看到的，永远都只是凤毛麟角，2003级的张翰、2004级的佟丽娅、2005级的陈晓，他们是上下这几届、这几百号表演系本科毕业生里面，百分之一几率的那么几个。其他的，有一些转行转向幕后、转向艺术教育和培训，还有一些转向了完全不相关的行业。而更多的，则是以“演员”为职业，他们一直在拍戏，但他们不是明星。这是对的，这没什么不好，“演员”本身就只是个职业，只有仅仅把它看作职业时，一名演员才能踏踏实实地演戏。

通常多数毕业几年以后的演员，不再像曾经入校时那样心比天高，不再像当时那样极度地渴求成名成腕。他们会开始放平心态，渐渐地把拍戏当做一份单纯的工作去看待，一份让自己生存下去并且努力获得更好生活的工作。包括我的至交好友王闯，刚刚毕业的那几年，他一直在演我的话剧那几年，我也常常看到他去面试一些影视剧组，但多数都以无果而终，后来他说，希望未来可以多拍影视，多赚些钱，可以让家人过上更好的生活。再后来他签约公司，很幸运地赶上网剧霸屏的年代，通过几部当红网剧开始崭露头角，才终于在“演员”这个职业当中稳定下来。

时至今日，还是会在朋友圈里常常看到演员朋友们在发自己出演的某某作品，将在近期播出或上映，然而，我们再也不会像曾经那样，动不动就觉得谁马上就要红了，我想他们自己也是。他们也只是希望一部接一部地拍下去，一步一个台阶，就是最好的职业之路。

之所以说演员只是个职业，原因不仅仅是多数的人都依旧处在平凡当中，同时，也由于在这个职业里，有着太多跟其他职业一样的艰辛和苦难。

上学的时候出晨功、排小品，为抢排练场甚至睡在排练场，声乐、台词、形体、表演，是必须武装在身上的基本功，但这一切，只是作为一名演员完成角色时最基础的工具。毕业后，频繁地见组，不停地被人选择，不知道有多少被扔在垃圾桶里的简历。有一次王闯看到我们面试演员，看着桌上的一厚摞简历不禁感叹，不知道什么时候能不再被选择。作为一个普通演员，最绝望的就是不停被选择、被淘汰，本以为考中戏的时候是人生中最后一次面试了，后来才知道，漫漫长征才刚刚开始。当时我跟他说，你会的，总有一天，你可以从一摞剧本里面去选择，而不再是你的照片夹在别人桌上的一摞简历当中。

后来身边的演员朋友们开始纷纷进入影视剧组，新人通常都是按照一个月或者按照一部戏给一个很低的打包价，有时候低到可能还不如一些上班族的月薪。天没亮就起床化装，一天连着一天，赶上夜戏，大夜戏一拍就要拍到后半夜是家常便饭，这还不算什么，如果不是主角，可能这其中的很多时间还都是在等待中度过。在拍戏中受伤同样是家常便饭，有一个演员朋友在拍战争戏的时候摔伤了腿，钢钉打在腿里面，持续了整整一年多，每次看到他拍出来的 B 超都觉得心头一紧。不知道还有多少背后的酸甜苦辣，恐怕是即便如我这样生活在他们身边的人都无从知晓的。

而我身边的演员朋友们，还多数都是中戏表演系毕业，这所中国顶尖的表演学府。除了中戏以外呢，还有上戏、北电、中传、南艺、山艺，等等，甚至有很多综合类大学，都有表演系毕业的学生。每一年，全国表演专业毕业的学生成千上万，真正能够坚持或者有机会坚持在表演这个职业当中的，又能有多少呢？每年艺考都有很多媒体在泼冷水，可是报考表演系的学生数量依旧年年走高。

写这样一篇文章，并不是想阻挠所有梦想成为演员、成为明星的人。只是希望通过自己多年来接触的演员朋友的真实生活，提醒梦想成为演员的人们，除了认清自己到底适不适合，也要问自己，是不是真的想好了，如果没有那么多光环，如果你最后只是一个没有名气、赚得或许比一般人更少、要吃的苦却比一般人更多的最普通的演员，你是否愿意接受？放一颗平常心去看待演员这个职业，把它看成跟计算机、互联网、生物、文学、金贸一样，只是众多专业和职业中普通的一个，没有什么真正的优劣之分。如果把这一切都想好，你依然愿意投身到表演事业，并且抱着一颗平常心去学习、去体会、去坚持，那么我会真心地祝福你，愿你的职业道路漫长而宽广。

前两天，王闯即将进剧组前在北京短暂逗留，当时借住在我家，除了好几个要带到剧组里的巨大行李箱，他还随身拿了厚厚的一大摞剧本，是他即将要拍摄的这部电视剧的剧本，大概有 100 多万字，上面用马克笔画了颜色的，都是他的台词，一行接着一行，密密麻麻。

晓东说：“你可真厉害，要是换了我，每天背这么多台词，打死我都记不住。”

王闯苦笑着说：“这就是演员呀，你让我去看你的那些贸易合同，去给外国人发邮件，我也打死都不会，一样的。”

是啊，一样的，一样的努力着，一样的失望过，一样的不知道还要吃多少苦，才能离自己想要的生活更近一些。

从未后悔过，是我最骄傲的事

在过去将近十年的时光里，我经常会跟别人一样，问我自己一个问题：有没有后悔过？王国维在《人间词话》里写过一句诗“人生过处唯存悔”，讲的是，当我们面临选择，如果选了右边的路，有一天也许会后悔，怎么没有选左边的路。可是如果选了左边的路，有一天又可能会后悔，如果选择了右边的路会不会更好。

写这篇文章的时候，根据同名话剧改编的电影《驴得水》刚刚上映。《驴得水》多数的主创都是我太熟悉不过的朋友。它带给我两方面最大的感触：一方面，仿佛觉得又有一些人暂时抛弃戏剧了，我越来越孤独了；另一方面，又开始有更多的人来问我，你真的还不做影视吗？

是啊，在这些年里，我听到最多的劝说就是，你快去做影视吧，你看看谁谁谁，又赚了多少多少钱，以你的能力、你的资源、你的团队，分一杯羹总是可以。我一直说，我想等等。

然而夜深人静的时候，我一样会想，我当初义无反顾地投身到戏剧这样一个小众而艰苦的行业，是不是真的选错了行？尤其在自己捉襟见肘的时候，我不可能不怀疑。2015 年的某剧目亏损 200 万，伴随而来的是我人生中第一次痛风发作。恰恰那个时候，母亲要在长春换房子，她向我“借”的数字并不大。那是她这么多年来唯一一次向我张口，我却无能为力。那是第一次，觉得自己无能，觉得自己的青春是一场失败，一败涂地。那年我 28 岁，创业六年，手里却没有半点积蓄。公司最不好的时候，我不仅连 100 块现金都没有，还负债累累。那时候我经常跟别人说，我特别羡慕你们，因为你们不欠别人钱，就应该是最大的满足。不会跟家里讲，理由跟所有在这个城市里拼搏的年轻人一样。所以他们看到的我，就跟别人看到的一样，一个带着些许光环的著名制作人。却没人相信，我口袋里的积蓄，比不上最普通的打工仔。那一年我 28 岁，那是我最想放弃的一次。

我甚至尝试着去了解宠物店的生意，我想，如果我放弃，总要找个自己感兴趣的事情来做。成功的前提是热爱，我一直对此深信不疑。我跟公司最心腹的同事说，我常常幻想，等到 30 岁的时候，如果依旧没有好转，我希望做最后一出戏，就叫做《Bye，Mr.Producer》，这次不讲别人，只讲自己的八年创业史，讲讲我是如何失败的。至少，没准能唤起一些人对戏剧行业现状的关注。至少，成为一个戏剧创业史上的反面教材，也算我没白白走这一遭。

感谢卢璐和晓东，一个是合作多年的超级感性和善解人意的师姐，另一个是共穿一条裤子长大、可以肆无忌惮说出对方缺点的发小。他们说得对，即使不想别的，至少这些年来，固定团队已经有不可比拟的默契程度，即使不再自己投资出品，哪怕只是帮别人做委托制作，也至少还可以继续活在这个行业里。只要还在这个行业里，你就有机会翻盘。

我很感谢他们的话，也许很简单，不深刻，不是金科玉律，不是企业家的名言警句，却让我撑过最想放弃的低谷。

我一直坚信，舞台剧会迎来崛起的时刻，就像我们经常拿日本的四季剧团去举例，四季剧团已经发展了 60 年，在日本的十几个城市，每天都有演出，每年有 3000 多场演出，每年票房收入 16 个亿人民币左右，我们一直相信，中国未来的线下消费市场存在巨大空间。

邻国四季剧团的案例仿佛已经成为了鼓舞很多国内舞台剧从业者的指路明灯，时不时就要在最寒冷的冬夜去眺望一下。台前的人说，没有烂角色，只有烂演员；作为创业的人，我想说，没有坏行业，只怕没有做到极致。

对于舞台剧的影视改编，我终于在近期也有了全然不同的看待角度。从前，我一心希望能够证明舞台剧的价值所在，“证明戏剧是有价值的”，我曾经把这句话提高到“企业愿景”的高度。这个“价值”，除了观赏价值之外，最重要的则是经济价值。我总觉得，如果自己去做了影视，就证明我妥协了，我默认了舞台剧是没有价值的。但现在，我终于可以说服自己不再拒绝自己的剧目在影视方面的转化，因为那是另一种方式，可以证明戏剧的内容价值。更多的，我也希望跟随我多年的团队，能够在这条路上实现更好的自己。

如果问我对于之前这些年的创业有没有后悔过，我会说，我没有，如果让我再选择一次，我依旧会如此，我也永远都不会放弃舞台剧。就像九把刀说的，青春是一场大雨，即使感冒了，也还盼着回头去再淋一次。对于曾经，我从未后悔，这是我最骄傲的事。

旅行和留学，是我不太敢聊的事

胡寒说，过段时间小乱就要出国读书了，他们最近准备小聚。我说我非常羡慕她的勇气，一如前几年，GY 在 28 岁时辞掉了国家大剧院的工作，去美国读研时一样，她的勇气比 GY 还要更让人佩服，毕竟对于一个单身女孩来说，30 岁比 28 岁，对于未来更加未知。

我不知道是不是每一个 80 后的人，身边总有几个留学回来的人，但至少我是“重灾区”。从高中时的发小晓东在大三时去过了美国，我每天都听到他在加州的所见所闻，到大学最亲近的祝也在毕业那年去英国读研，再到密友 GY 在 28 岁时力排众议去旧金山读书，这中间经历了太多朋友关于留学的故事和经历。有的一蹴而就，有的考了好几年，但是无论如何，他们总是有多多少少的收获。即使是连基础的英文水平都长进很少的祝，也至少带了个媳妇回国。

而我呢，直到 2012 年，我才第一次离开内地。因为在那之前，我好像一直不肯稍微停下脚步。高中的时候，除了前几个在补课的假期，从高二的时候便开始到北京学习专业课；大学的时候，我是拼命三郎，我是“东城汪不挑”，我的所有假期都给了各个剧组的实习；大三开始自己创业，更是没有假期可言，

2012 年，第一个大陆以外的旅行，目的地是香港

可是值得骄傲的是，在那一年，我已经把自己的剧目带到了祖国大江南北的很多城市。在湖南大剧院，《李雷和韩梅梅》开始了巡演的第一站；在大连，演出所在地看起来是栋非常古老的建筑；在温州大剧院，座无虚席的观众让我们对那个城市特别眷恋。还有郑州、贵阳、重庆、惠州、深圳……我还记得有一年的冬天，在呼和浩特演出时，抽空去给亲戚带了几条丝巾作为春节礼物。

可是再多的安慰也依旧无法弥补，心里总是觉得自己的年轻时光中少了些什么。我太少有机会出去看看，所以每次大家提起在国外的见闻，我只是尴尬地赔笑。感觉好像听得多了，也就像是自己也经历过了一样。

除了 2012 年短暂的香港行，后面的几次出境均是跟工作相关。马尔代夫的为期一周之行是为了伊扬的 MV 拍摄，三番两次去台湾则是由于先后跟蔡康永和吴念真的合作。直到 2015 年，好像才开始有真正以度假为目的的旅行。在纽约，看到我最期待的《蜘蛛侠》音乐剧，GY 特地从西岸飞了好几个小时来找我；在爱丁堡参加戏剧节，所有的剧组都在街上路演宣传，拼命为自己的剧目吆喝；在芭提雅，观赏到演了几十年的人妖秀；在东京的拉面馆，不敢大声讲话，只能努力发出吃面时的“哧溜”声来表示对店家的赞许；在巴厘岛的海上，坐了好久的船导致眩晕，以至于准备海底漫步时，在戴上氧气罩的一瞬间临阵脱逃……

或许因为太久不用，在近些年的旅行中，曾经在高中时让我有些引以为傲的英文水平也堕落不堪。只能偶尔跟人家讲讲，高考的时候我的英语得了一百二十几分，可是见到外国人就是张不开嘴，在大学期间花重金读的华尔街英语也再起不到作用。

尽管从 2015 年开始为自己下达命令，无论多忙，每年都要保证至少去两个国家旅行，到现在为止也浅尝辄止地到过了几大洲，可或许是之前欠缺太多，每每跟朋友聚会，关于留学和旅行的话题，我还是只习惯性地保持迎合点头，而很少发表见解。

前段时间在“知乎”上看到一篇帖子，提的问题是“旅行的意义是什么”，下面跟了一千多种回答，被认同最多的回答被点赞一万多次。他说：“作为一个周游了世界的人，我不能告诉你旅行有什么意义。对于身处银河系荒凉偏僻的旋臂上，微小的太阳星系中，一颗渺小蓝色星球上，尘埃一样微不足道的我们，在这个狭小的世界上旅行能有什么意义？在宇宙的时间长河里，我们不过百年的一生又有什么意义？我们太渺小了，不仅仅是旅行没有意义，连我们所有的行为，我们整个人类的行为，可能都没有意义。但是，在这荒凉偏僻的星系中，在我们这短短的一生中，在这仅有一次的生命中，做你想做的事，成为你想成为的人，这就是最大的意义。”对于这段话，我记忆犹新，赞同不已。对于我们这一代从小被上了夹板的人，太喜欢考虑一件事情的“意义”了。可是如果纠结于此，你会发现，或许很多可以让你的生命和回忆更有趣的事情，都没有真正的、可以言说的意义。于我而言，起初，旅行只是浅显地为了填补自己曾经的缺失，为了跟朋友有更多的谈资，后来，旅行变成了我短暂逃离现实压力的方式，我只要离开北京，好像就变得开心很多，好像所有工作上的琐事，会议、攀谈、合约，都有合理的理由被我拒之门外。可是如果怀着“逃避”的心态去旅行，每次在旅行临近结束时都会无比的痛苦，就如同小的时候过完暑假，即将迎来开学时的心情。所以再后来，我才开始慢慢试着不再把旅行定义为一种对现世的逃避，而应该是对于远方的探索。无论是舟车劳顿，还是在烈日的烘烤下大汗涔涔，他们都会成为我们在生命中的一抹色彩。我常常会在一个人发呆的时候想到马尔代夫酒店边聚集来觅食的那些小鲨鱼，在英国湖区那间小旅店的主人，一个白发苍苍的老奶奶，还有巴厘岛某一片布满了塑料垃圾的海滩上那群游荡的流浪狗，那些画面像是一些你无意搜集来的邮票，被收藏在脑海里面，随时都可以拿来玩味一番。

它们或许无法改变我们生命中的轨迹，我们还是要每天在固定的时间被闹钟叫醒，还是要在都市的车流里面对拥堵无力反抗，还是要面对生老病死，可是有些记忆被我们好好地珍藏下来了，它们便有了意义。

对于旅行和留学，是我曾经在 30 岁前最缺失的部分，或许很多中国的年轻人也跟我类似，有的人永远在加班，有的人永远在考试，有的人永远在找工作，有的人永远在追求下一个目标。幸运的是，我已经开始努力去改变，即使留学的确在短期内无法实现，但至少可以逼自己抽出一些短的假期，去更多地认识这个世界。

不用去想自己所为何来，只为了在远方那些自己所不曾遇见的未知。

人物篇

我们有很多朋友，有的会在乎你在做什么，有的会在乎你又赚了多少钱……但是总有那么几个，他们不在乎你飞得有多高，只在乎你飞得累不累！

我是一束孤零零的稀微霞光

我要飞向远方

告别你孤单的电影院

告别我一个人的篮球场

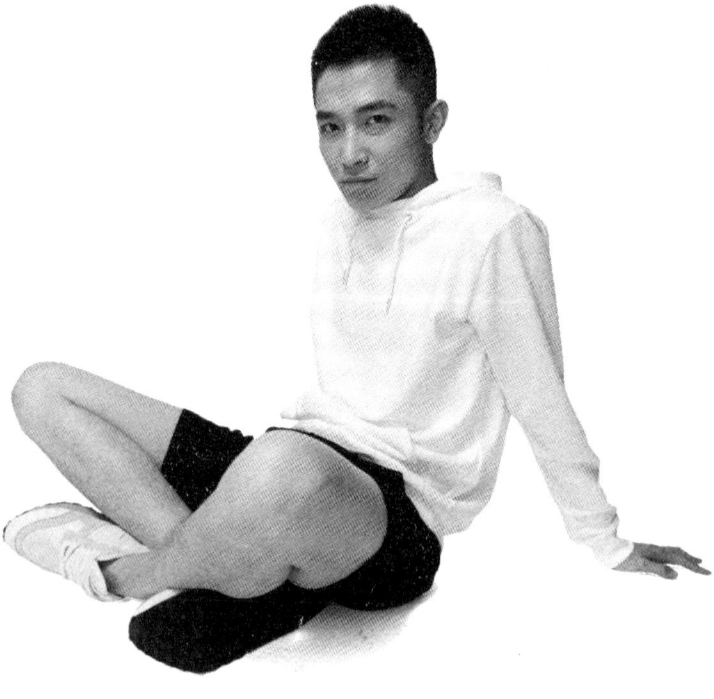

奶奶的小辫儿

大一表导课的期末汇报，我的小品是《听心》，原本写的时候并不是这个名字，是根据从前自己一篇叫做《家事》的散文改编过来的，在期末汇报时被老师改成了《听心》。剧情是我虚构的，可是最后一次在老师指导下的排练，结尾处自己居然哭出来，让我始料未及。回想起来，只因为在那个瞬间，响起有些俗套却煽情的旋律，身处于剧中孙子的角色里，突然的，我想起了我的奶奶。那时奶奶已经去世三年多，当时觉得，好像很远了，却依旧亲近。

从小，我和爸爸妈妈是和奶奶生活在一起的。爷爷原本也在，但在我 7 岁那年过世，我一直不知道为什么，自己记事特别晚，很多六七岁以前的事情都没有画面，所以对于据说特别疼爱我的爷爷的印象也格外依稀，这是我一直自责的事情。爷爷奶奶都是山东人，后来闯关东到了东北，所以我的籍贯上一直写着“山东郯城”。

奶奶跟爷爷一样，从前是老红军，总是有抹不去的情结和记忆。小的时候她动不动就给我讲当年的抗日故事，我总是心不在焉，觉得只是那代人的共性而已，何况她老是把相同的故事反复地讲。可直到后来，我渐渐发现奶奶睡觉的时候常说梦话，更确切地说，是喊梦话，她总是大声地用山东话骂出来，骂日本鬼子，又或者有时候，会大喊着说“你们慢点儿”之类的梦话。奶奶每次醒来都是满头的大汗。奶奶说她和爷爷刚结婚没多久，爷爷便跟着抗日部队参军去了，乡里的其他妇女都留在家里等，只有奶奶，她说她害怕一等，就再没有归期。她也跟着后勤部队上路，跟在大部队的后面翻山越岭、风餐露宿，当年男人都不知道死掉了多少，更何况是女人，是时常可能掉队的。奶奶说经常和前面一隔就是一两座山，她就只有眼睁睁望着前面的部队，拼命地追……她每次说到这里的时候声音总是有点颤巍巍的，胖胖的身体坐在床上，像堆在那一样，她努力地睁睁眼睛，用一只手很缓慢很缓慢地比划。她讲得并不像故事本身那么苦，她表情很安详，只是娓娓道来，但那是我听奶奶讲过的最绘声绘色的故事。有些烙在生命脉络中的故事，总是会人越老，便越是变本加厉地找上门来。

红军不怕远征难，到了和平年代更是天不怕地不怕，上房补瓦，上树摘果，家里屋前屋外的全部事情都是奶奶一手操劳，还要照顾七个孩子。父亲是七个孩子中最小的一个，奶奶自然最怜爱，以至于父亲小时候跟别的孩子打了架，奶奶“护犊子”，不仅不像别人家长一样去跟对方家长和解道歉，还要去跟人理论一番，说你们家孩子为啥欺负我们家老幺。奶奶的豪放作风，也许是因为爷爷是典型的古板老干部，轻易不出门、不讲话、不发表言论，所以大小琐事自然是奶奶去为全家争取利益。小时候大家玩老鹰捉小鸡，我一直觉得奶奶就像是那个鸡妈妈，为了背后的一群孩子，她的翅膀必须越来越大，越来越厚实，可以为他们遮风避雨。

可是不管传说中奶奶年轻的时候多么英勇和干练，从我有记忆的时候，奶奶就已经有明显的老态了。同时由于我是唯一的孙子，所以所有我眼中看到的奶奶的神态，都愈发慈祥。

小时候我总是喜欢调皮地跑到奶奶的背后摆弄她的头发，当时她的头发已经不多，也并不像后来那样花白。奶奶不是长头发，于是我扎出来的辫子总是一个一个支棱在奶奶的脑袋上，这在别人看来简直是荒诞的做法，不懂事的我却总是乐此不疲。奶奶也似乎很配合我的“游戏”，不讲话，只是看着镜子里的自己，抿起嘴，很得意一般用力地眨眨眼睛，仿佛很满意地微微笑起来。

初中的时候奶奶搬到北京伯父家，相处的时光就不再那么多了。那时候她的帕金森已经越来越严重，每次见面都是春节的时候大家聚集在北京看望她，但是她已经不像从前那样有力气和我斗嘴。小的时候爸爸妈妈在忙，只有我和奶奶在家里，每次一起看电视，我总说奶奶看不懂，剧情其实是另外的样子，为此我甚至跟奶奶争得面红耳赤，准确地说，只有我在争，奶奶一般到最后就不再讲话了，但也并不生气，就像我给她胡乱扎辫子的时候一样。唯独不同的是，虽然依旧用力地抿起嘴微笑，但那时候她的嘴角已经开始有不自觉的神经性抖动。她的最后几年时光同样是在北京度过的。每次见面她的病情都愈加严重，话已经很少了，手和唇部的抖动幅度越来越大，每天都会有一到两次腿部抽筋。我常常惶恐地觉得病魔已经将她的生命吞噬殆尽。每次我离开北京，奶奶总会勉强地坐到床沿，我就蹲在她面前，她就那么直直地盯着我，严重的病痛已经使她似乎很难再抬起头或挤出笑容，好像在抱怨着她有多么不情愿。而我总是握着她的大大颤抖的手，说我会频繁地打电话给你，说我会多么快的再来看你……

她终究还是没能熬过太久。奶奶去世是在“非典”的那一年，我还在长春读高中。也就是“非典”的缘故，在长春的亲属都没能见到她最后一面，甚至连葬礼都没能参加，没能送她一程！我没能再有机会跟奶奶一起看电视，把剧情抽丝剥茧地讲给她，如果可以，这次，我会很有耐心地讲给她。

前些天和萨聊天，他偶然提到他的奶奶是在她的怀里离开的。我想说，我很羡慕他。

最羡慕可以对爸妈说“我爱你”的孩子

大概在 2015 年的时候，有一位杂志编辑找到我，她说她要出一本关于亲子教育的书，希望我们能够同时开发舞台剧。她的儿子那年 5 岁，在她的教育下自立而得体，坚强而可爱，她在她的独立公众号中被奉为育儿典范，她也很希望可以将这些记录下来。后来我们就此题材开了很多次剧本会，除了我和导演佟蒙，还经常会找来身边有孩子的朋友，大家围在一起，商讨主要人物和故事线。

在当时的人物设定当中，有好几个不同类型的年轻母亲，以及不同背景的家庭。有一次我们探讨到家庭成长环境对于孩子一生的影响，每个人在说自己的故事，在不同的个例中很容易就可以找到规律和共性。

例如曲晶，她和男友、和她父母之间的亲昵程度，我们所有人都在平日有目共睹，她和她的父母像是很热络的兄弟姐妹，而我们也从未听到过一句她对于男友的怨言。讨论的结果，她把原因归结于从小所在的家庭环境。她的父母直到现在都恩爱如初，相濡以沫，的确，我们常常会在她的朋友圈中看到她父母纪念日时，他们三个人之间你侬我侬的照片。与之相反的是，我和佟蒙觉得跟父母说出“我爱你”是一件极度肉麻和不可能的事。我们跟更多 80 后孩子的童年一样，更多听到的是父母的争吵，并且很少看到父母亲昵的画面或者听到他们对彼此说“我爱你”。所以在长大后我们也通常不太善于表达自己的爱意，甚至在有些孩子身上，会表现出日后对于爱情的悲观主义。可是无论如何，我们究竟爱不爱自己的父母呢，多数人的答案是肯定的。然而尽管我们看了很多怂恿我们向父母表达爱意的文章、图片，我们知道或许再不表达有一天会来不及，我们依旧无法说出那句话。就好像是前几年的流行语“听了很多道理，依然过不好这一生”。我们明白，我们知道，我们都知道，可是做起来，就变成两码事。

想对父母说出“我爱你”很难，同样，想要写一写父母，回忆一下小时候与他们相处的故事，一样很难。小时候课本中朱自清的《背影》被我们认为是文学经典，因为他用一个画面就刻画出天下父亲的艰辛，让人为之动容。可我并不是朱自清这样的大家，所以或许我花很多笔墨，也无法表达对于他们为自己所付出那一切的感恩。

我这个人，记事很晚，别人常常能轻松地讲起自己五六岁的经历，我却只剩一些隐隐约约的画面。比如他们的争吵，比如妈妈买给我的大白兔牙膏和龙牡壮骨冲剂。他们一边常常吵架，一边分别都会把最好的爱和最好的事物都给我，他们应该是跟多数父母一样，觉得两者并不彼此影响。可是或许人在小的时候还不会选择性遗忘，甚至会将一些不愉快的事情记得更深，所以对于小时候，反而是对他们的争吵画面特别清晰。我常常想，或许，也可能他们当时其实只是非常偶尔争吵而已，可是恰好，那些全都被我记住了。从在陕西路的平房，到西康路的家。到西康路的那年我 6 岁，妈妈每天都会拜观音。有一次他们吵得特别严重，我一边哭一边在两个人之间跑来跑去想要阻止争吵，在发现无果之后，我就跑到隔壁房间的观音面前，一直磕头，求观音显灵，让他们不要再吵。那应该是我人生中第一次向佛祖求助。还有些时候，他们在吵架后，爸爸抽着烟，眉头紧锁，可是他只要看到我在看他，就会用力挤出微笑，好像在告诉我说，没关系的，我们很好。

那之后的一两年，他们的争吵开始变少了很多，不知道是不是跟我一直在生病有关。先是阑尾炎由于医院误诊耽误了治疗时间导致两处穿孔，到肠梗阻，前前后后折腾了大半年，好不容易从医院搬回家里住，也还是每顿只能吃煮软的龙须面，连吃个苹果妈妈都要先切成两半，然后用勺子刮成面糊状喂我吃。那时候他们每天都很愁苦，我猜。奔波在医院，陪伴在床前，整日整夜陪我在病房里。我对于那个阶段的记忆，除了病痛，印象最深的就是粥、咸鸭蛋、《小龙人》的漫画书。有一次在早上化验前我偷吃了东西，导致化验结果说我小小年纪就患上了糖尿病，后来妈妈说，爸爸那天在医院走廊里面哭了很久。

阑尾炎两处穿孔的手术结束后，我刚刚出院不到一周，因为吃了一串炸鸡肉串，又回到医院里。原来是手术时洗肠使肠胃变得脆弱纤细，稍微遇到不易消化的食物，就导致肠梗阻。检查出肠梗阻那天，医生决定当天就从鼻腔下管子到肠胃里面，需要通过一两天的时间争取将阻塞处的食物吸出，若不奏效就要开刀手术。刚经过了痛苦的下管，医生“马大胆”突然想到曾经的一个患者案例：有个病人患了肠梗阻从其他城市来就医，路上因为坐了一路火车硬座，到达医院的时候发现梗阻处由于一路的颠簸而疏通。马大胆建议我们如果愿意尝试，可以开车去找有铁轨的地方往返行驶试试，看能不能把梗阻的地方“颠开”。于是那个半夜，我又被拔出了胃里的管子，爸爸开着他那辆当时很流行的捷达，带着我和妈妈，到郊区的废弃铁轨，开过来，开过去，颠了整整一个晚上，期待着“大力出奇迹”。那时候的医学跟现在相比简直蠢得要命，不仅阑尾炎这样的常见病都会误诊，还居然可以想出这种人造颠簸的法子。果然那晚的火车轨并没有起到作用，回到医院还是重新经历了一次痛苦的插管。在后来那两天里面，爸妈和医生护士最期待的就是我能够放屁，一旦放屁，就说明肠道已通。没有经历过的人，应该永远都无法想象一堆人对于一个屁的期待。幸运的是我没有再开一刀，两天后的一个早上，我放了人生中最让人喜悦的那个屁。把管子从肠道通过鼻腔拔出的那一刹那，我觉得整个世界都突然鲜活起来。

我一直生病那一年，父母也才只有30岁出头，应该正值事业上最重要的时期，无法想象连续将近一年的时间，每天都陪在医院里，焦灼、熬夜、提心吊胆，他们在自己的生活上放弃了多少。而从小体弱多病的我，那一次并不是唯一一次在医院长住。在那之前我还经历过因为连续高烧而导致的脑膜炎，在那之后还经历了猩红热等莫名其妙的病症。爸爸后来常说妈妈很厉害，在我生病的过程中，做了几次特别重要的决定。脑炎的那年我只有四五岁，医生建议要做穿刺，妈妈坚持不肯，原因是以当时的医疗条件，据说做了穿刺基本都会有多多少少的后遗症。后来很幸运，没两天就赶上了新药。我印象中是很大的圆形药丸，要咀嚼着吃下去，据说很贵，果然吃下去几天就痊愈了。而在阑尾炎无法确诊的那些天，在好几次转院的过程中，有一个医院的专家在会诊后怀疑是一种类似于很严重的肠粘连的病，准备从肛门向肠道充气，妈妈再一次坚决不同意，她坚决要转院。后来才知道，在当时已经严重阑尾穿孔的情况下，肠道已经出现化脓症状，如果按照那样的疗法，我很可能一命呜呼。

我很感谢妈妈，她给了我，不仅仅是一次的生命。

或许是因为从小就病怕了，时至今日，父母还是最紧张我的健康情况，时常快递给我各类补品。而我，由于怕他们太过紧张，所以从大学以后，每一次生病都尽量不让他们知道。有一次大一的时候发烧，不知道爸爸是从哪里得知，或许是我的干爹处。于是爸爸半夜到寝室来给我送药，看到他来的时候我抑制不住心中的怒气，一方面是自己的隐瞒被拆穿的懊恼，另一方面，多少也有些碍于面子，觉得已经20岁的人了爸爸还来送药，在同学面前很丢脸。不过那之后我就乖乖地每天都在吃补品，只为不再生病，也就不再需要怕他们担心而隐瞒。

1994 年，我的阑尾炎和肠梗阻痊愈过后，一家三口迁到了北京。爸爸开饭店，妈妈当老板娘。他们俩都很忙，每天要忙到很晚，我每天放学都是家里的保姆去接，那个名字叫洋洋的保姆当时只有 20 来岁，我们常常聊得很开心。在北京生活那一年多的时间，我的相册里全部都是我和父母在北京各个景区拍下的照片。他们不管多忙，每到周末，都会带我去一个没去过的地方。或许是因为年龄还小，若不是留下了照片，很多地方我都忘记了自己曾经去过。那些在世界公园、十三陵、长城、故宫留下的三个人的合影，还有记忆中我最喜欢吃的赛特商场地下一层的咖喱饭，组成了我童年中最明亮的日子。

回到长春以后，妈妈跟爸爸一样，正式“下海”经商，她在从前的单位办了停薪留职，那是我第一次知道这样的一个词。妈妈经商做的是“空车配货”，用现在高级的说法是“物流”。开始的时候爸爸有些微词，觉得说出去不体面，可是妈妈一干就是 20 年。开始的时候，她的空车配货就在爷爷奶奶家老平房的临街门面，跟我们从前住的房子是一体的，于是我们也搬回到平房去住，直到平房拆迁，我们搬到很远的地方，妈妈就要每天穿过半个长春城去上班。她工作的地方我很少去，来发货的货主、来往的货车司机，还有很多装卸工，永远都很嘈杂，妈妈总是要很大声地讲话，像是在嚷。学美术出身的她，就这样从国营单位里的宣传干事，变成了一个每天都要大吵大嚷、跟形形色色的人打交道的个体户。那个时候，尽管我看到她每天都好忙，但是很少表现出疲态。直到前几年，我隐约开始感到她的嗓子渐渐哑了，身上的毛病也越来越多，腰椎间盘突出、颈椎病以及偏头痛常常找上门来，我每次回家都劝他们不要再干了，一方面身体太累，另一方面是随着新时代物流行业的正规化和现代化，他们已经跟不上节奏，生意也越来越不好做。他们总是说干完今年就不干了，说了很多年。直到去年他们终于决定转让出去，我才也跟着一起松了口气。

很多人以为我是个富二代，我在很小的时候也曾这么以为。后来才知道，其实并不是，家里只能说是中产阶级，绝对算不上富翁，可是他们愿意把最好的都给我，才让曾经的我和我身边的人有了“富二代”的错觉。我从小就没有为钱发愁过，零用钱永远比别人多一点，大二的时候就有车开，虽然是家里十年前的老车，但依旧是同学里面开车最早的一批，毕业那年我说我想做个小戏，他们就义无反顾地支持，后来不小心变成了大剧场投资翻倍，自己已经满心愧疚并且背负无比的压力，但他们也没有表现出一点埋怨。长大以后，我发现其实他们一直都省吃俭用，他们想在长春换一套房，需要几十万也是东拼西凑。

他们有的不多，却愿意把一切都给我。

朋友说父母这样宠我，我没有成为挥霍无度、没有节制的纨绔子弟，真是万幸。或许就是因为这样的信任，让我从小就有着更强的自尊心，觉得不能辜负他们。所以虽然他们几乎从未因为学习成绩而冲我大喊大叫，我自己却常常因为没有考到前三名而自责流泪。别人的家长需要催着孩子学习，他们却是在半夜催着还在伏案的我早点睡觉。高中毕业那年我说我想考中戏，他们就找门路托关系请老师来给我上课。考学的时候爸爸一直陪着我，他总是说没关系，考不考得上都无所谓，可我还是每天都失眠。第一年落榜后，我的状态畸形，希望全世界都把我忘记，而爸爸则是急火攻心导致急性咽炎，瞒着我去做手术。他们越是一直都不批评不要求，我则越害怕自己做得不够好。

早些年很多人问过我，为什么要一直坚持在一个行业，在一个可能并不被人看好的行业死守到底。我想或许跟父母有很大的关系。我一直执念着在哪里跌倒就在哪里爬起，我不能辜负父母曾经支持我的第一桶金。而另一方面，妈妈对于自己行业 20 年的坚持也在潜移默化地影响我。我看到父辈们很多人一辈子在“重复创业”，这一行干个两三年，那一行干个三五年，最终没有在任何一个行业真正有所建树。反而像母亲这样，从开始一个被人瞧不上的小货站，经过她一路的坚持，慢慢成为了家里的重要支撑。父母也常常给我讲家旁边“光复路批发市场”的故事，比如大家都觉得卖纽扣的人不起眼，可是卖了十几年纽扣的那个人，最早成为千万富翁。所以或许是在他们身上我看到，这个世界上没有不好的行业，也没有哪个行业就特别容易成功。差别是在于你愿不愿意坚持到底。

近两年，我的“坚持”终于开始被一些人看到，每年会出现不少报道。尽管离成功还差得很远，可是父母已经非常引以为豪。每一次他们找到我演讲的视频，都能看上几十遍。前一段时间公司的战略发布会通过网络视频直播，妈妈说看完以后她激动了好几天睡不着觉。我一边说“傻瓜”，一边在心里边觉得，无论多辛苦都值得，至少能换来他们心里真切的喜悦。

今年，我的生日和往常一样，在春节期间跟家人一起过。在这个我曾经看来无比重要的 30 岁生日到来的时候，心里却好像没有想象中的波澜壮阔。同样，跟往常一样，那天生日宴上，我还是没能对父母说出那句“我爱你”。

这篇文章，其实标题早就写在了目录里，却一直拖到最后，出版公司催我交稿的时候才落笔。与父母的感情，才是这辈子最难以名状的。

况且，关于他们，我并不急着记录，因为我从不担心会忘记。

那些花儿

只有你见过了不美好，才知道，能够继续相信美好，是多么可贵。

我们有很多朋友，有的会在乎你在做什么，有的会在乎你又赚了多少钱，有的会在乎你的打扮是不是体面，有的会在乎你在跟谁合作，有的会在乎你认识谁，有的会在乎你开什么车买什么房，但是总有那么几个，他们不在乎这一切，他们不在乎你飞得有多高，只在乎你飞得累不累，我叫他们，那些花儿。

也许很久没有彼此问津，也许他们跟你周遭的生活已经越来越远，也许你们看待事物的观点已经不再那么完全相同了，也许他们不一定能融入你现在的朋友圈，但是他们一直都盛开在那里，未曾凋零和离开。他们是当你一败涂地时还能真心给你拥抱的人，他们是你一想到都会觉得心窝发热的人。

我的多数花儿都还生活在故乡，他们也许并不觉得远方的我特别珍贵，但是对于我，这个在北京已经习惯了每天被生活赶着走路的人，他们，就是弥足珍贵的那部分。

这个城市太快了，你只要停下来一会儿，就会有一些人把你遗忘，但他们永远不会。

尽管很多话早就藏在心里面，但是想要说出来，总要有个导火索。写下这些感慨，也是一样。前几日公司同事代替我去与某大型合作方开会，对方的项目经理用鄙夷的口吻问道：“你们汪总怎么这么大的项目都不亲自出席，你们忙的那个《xxx》是个什么？”我同事说我在忙的这个《XXX》是我们跟某国内顶级影视公司合作的院线电影。对方登时傻眼。他以为这个《XXX》是个网大而已。所以他会以“X眼看人低”的习惯去质疑，觉得他们是全世界最大的甲方。我听到这一段，觉得自己还是太过低调，虽然《XXX》项目早已做过盛大的发布会，但当时怎么没请他们这些最容易“X眼看人低”的人来见识见识我们的真正能力，虽然我也发了一条报道发布会的朋友圈，但其实就应该像别人一样一直把各种报道都刷屏，不为给别人看，只为让他们看到。后来想想，为了这样的一些人，又是何必呢，他们终究只是我人生中的匆匆过客，这样的人太多，我怎么可能在乎得过来？而就在当晚，刚好是元宵节，晓东临时打电话叫我去家里吃饭，只有三两好友，相聚的三四个小时，我们一句工作都未曾提起。回到家的时候，忽然觉得，我只要在乎他们就可以了，因为他们不会因为知道你在做什么，就给你不同的眼色。

晓东就是我的“那些花儿”当中重要的一个。

花卷、小红、晓东、文静、三哥，是高中时期写到生命里的最重要的几个朋友。小学的同学，通常最终都会以完全失散或失联告终，加之当时其实没什么心智可言，如果不是后来的成长中一直有交集，很难留下挚友。而初中的情况也往往有些类似。所以当多年后想要在记忆长河里捡拾几颗还能触碰到的宝藏，往往多数来自于高中的密友。除了上面说的几个高中结识的挚友，还有从小就是挚友的阳。总共加起来，虽然屈指可数，但已经足够。

晓东除了是我们这个小集体的成员，还有另外一个跟篮球生一起逃课的小圈子，也许是他太高，所以即便不是体育生，但仅仅是“看上去”，他们就应该是一国的。除了晓东，我们其他的这几个，则是最不被注意的那种学生，不是学习上的排头兵，也不是一直被老师当做反面教材的一种，不是被很多人议论的校花校草，也不是性格怪异的独行侠，就连长相、身高、在教室里的座位，都是在最容易被忽略的处在中间的那一类。也许因为这样，我们才成为可以彼此取暖的人。

“花卷”的名字来自于她的头发，由于是自来卷，而且卷得非常整齐，所以文静给她起了这个绰号。恰好这绰号跟她的本名发音也有些相似，就这样被大家默认，十几年过去，还是习惯这样叫。那时候她坐我前桌，178 的高个子，身材有些微胖，看起来很魁梧，其实常常病怏怏。大家是无论如何都想不到，当时性格特别奔放和大条的她，后来会是所有人当中最早一个结婚生子的，而且大学毕业以后，她留了长发，减了肥，较比之前简直有女人味了太多，终于不用再让大家担心嫁不出去。高中时晓东开玩笑说：“咱俩个头最相配，如果十年后你还没嫁出去，我就娶你。”现实是，根本不需要十年，花卷的孩子已经在地上跑了。上一次我和晓东在春节的时候回到长春，去花卷家里的时候给孩子塞红包，她撕扯了好久，说：“再这样下次不让你们来家里啦！”我们笑她还像以前那么犟。除了偶尔有些犟，偶尔有点公主脾气（尽管她的公主脾气往往会用比较不公主的方式表达），其实花卷是我们当中性格最好的，不强求，不勉强，顺其自然，随遇而安。用现在的话说，就是不作。不作死就不会死，在她身上有完美体现，最不作的花卷，获得了最安稳的幸福。

“小红”本叫刘晓彤，一次物理课上，老师问她你的名字叫什么，她说：“我叫刘晓彤。”老师说：“牛小红？”她又一字一句地说：“刘！晓！彤！”老师认真地睁大了眼睛：“牛小红？”随着她的满脸无奈和大家的哄堂大笑，从此，我们都觉得“牛小红”好像叫起来更加顺嘴，再后来，就简称为“小红”了。小红是我们当中文笔最好的，英文也最好，她和晓东本是同一所初中毕业，在初中的时候同为英语课代表，相识比我们早得多。然而或许在当年，大家都是要强的个性，一次两个人莫名的争吵后，小红愤愤然走出教室，从此二人之间就好像总隔着一层难以言喻的尴尬，这种尴尬持续了很多年。

文静是我们当中年纪最大的，比我要大两岁。她也的确很有大姐的样子，很多别人会大惊小怪的事情，她都可以淡然面对。大姐当然还有一点跟别人不一样，她是我当时最摸不清的一位，不知道什么会让她特别开心，不知道什么时候她会突然失落。我们本以为未来应该是最早结婚生子的文静，却在大学毕业以后去当兵，让我们几个愕然不已。入伍的目的当然是家里希望未来再转业回来，能有更好的出路。她在北京当兵的那段时间，我去看过她几次，每次都很匆忙，只来得及说说近况，来不及说各自的困惑、忧愁和未来。再后来，她转业后去了海南，刚好赶上大家最忙的几年，我在创业，花卷生孩子，小红结婚，晓东在国外，加上社交软件的更迭，我们那几年断了联系。我时常向花卷打听她的情况，知道她在海南结了婚，我们当时有些介意，为什么她都没有邀请我们去参加。可是或许我们没有理由责备她，或许她过得并不顺意，所以不想让我们知道。小红说她最后一次给文静打电话的时候，也没聊多久，文静就离线了。

我们曾经在 QQ 是唯一的社交软件的时候，有过一个群组，叫做“海边的大房子”。我们幻想未来有一个海边的大房子，有很多房间，大家都可以住在一起，朝夕相伴。为了提前体验那样的未来，我们在高中毕业那年一起去郊区的农家院，在大一暑假那年一起去大连。喝啤酒，放手持烟花，天空的星星很亮，闪闪烁烁汇成一大片。后来就再没有过那样的日子了，后来我们被生活催着向前，我们甚至没有意识到为什么就再没有那样的日子了。如今，我们生活在不同城市，来往越来越少，或许距离只是借口，因为即便是都还在长春的花卷和小红，也一样是几个月见不上一次。所以给自己找这个“异地”的理由，只是不想面对事实，因为事实往往会让人更加难过。

小红在去年经历人生最低谷，她给我打电话的时候，状态很差，我甚至担心她会不会是要自杀。那时候她处在准备离婚的崩溃期，可是家长却不希望她离婚，同时，她觉得长春已经让人绝望，人生没有奔头，仿佛可以看到很多年以后的自己。那时候我给她打了很多鸡血。我用《李雷和韩梅梅》里面的台词告诉她，“无论 30 岁，40 岁哪怕是 50 岁，从什么时候开始都不晚”，我跟她说千万不要像生活妥协，要勇于改变，勇于打破，哪怕犯错了，趁我们还年轻，我们还有机会犯错，千万不要等老了那一天才后悔，后悔为什么当初没有去尝试不一样的生活。我甚至跟她说，如果你不嫌弃，可以来北京，来我的公司工作，我说你文笔那么好，就算对行业不了解，先从宣传做起总是可以。后来她真的动了心。她来北京散心的时候，我们一起吃饭，我好像从她的眼睛里又看到了希望。虽然我们知道，还有一道最难的关卡，在我们的自嗨中忽略了，她的父母是不会同意她放弃现在的铁饭碗的，尤其她还是一个刚刚离了婚的 30 岁女性。后来果然如我们所预想，我们还是败给了最现实的一道关卡。那次回去以后，她父亲语重心长地跟她聊了好久。我没有问到底聊了什么，会让她自愿地放弃改变，因为我知道结果的时候，觉得我们已经失败了。在最现实的情况面前，我们的鸡血，我们的信誓旦旦，都化为泡影。她终究无法逃离。打破现有的一切，孤身去一个陌生的城市，全部从头开始，对于一个家境不错、有铁饭碗、刚离了婚的 30 岁女性来说，太不现实了。从那以后，我们都没有再触及那个话题，好像一切都没有发生过。她也没有再跟我抱怨不如意，或许因为在真的挣扎过以后的妥协，才是最彻底的妥协。

从来没有想过，在几个人里面，多年后仍旧能够彼此陪伴的，是我和晓东。很幸运，还能有个晓东。很幸运，我们兜兜转转，还能在一个城市，我的公司还居然就在他家的楼下。我们当年高中毕业后，他去了大连念书，念了不到一年，他决心要出国。2007 年年初的寒假他来北京学雅思，住在我租的小房子里。我由于无聊，就也跟他一起报了名，陪他去上课。也许完全是无欲无求，老师很奇怪，为什么这个学生交了钱来上课，却整天在睡觉。睡觉之余，我最大的乐趣是在本子上画小人儿，小人儿旁边配字写道：“床前明月光，疑是地上霜。举头望明月，我是姜晓东。”那是郭德纲刚刚走红的那一年。我们上课的地方在建外SOHO，我们常常坐108公交再倒地铁到国贸。当时建外SOHO还不像现在这样热闹非凡，中午能吃饭的地方很少，我们通常就是几个玉米和鸡蛋来解决。那个寒假，刚好赶上我的20岁生日。生日那天，只有我们两个人，在人艺斜对面的一家小饭店喝醉了。没有平日里期待的热闹场景，没有蜡烛，没有蛋糕。晓东当时说，你真的不想在生日的时候过得特别一点吗？我说不要，我当时想，未来若是在两个国度，这样的机会不知道还会不会有，所以，这一定会是一个让我铭记的生日。

晓东在2008年去美国前夕，在沈阳遇到了此生挚爱，从此不能自拔。他签证的那一天，我们都在签证处的大门口等他，好像等待高考结束的家长一样。他出来的时候，我们已经隐约看到了他手里颜色鲜艳的那张象征着通往美利坚的纸单，可是他脸上没有一丝喜悦。当时的他，已经在犹豫，到底应该继续追求自己的未来，还是为了自己爱的人而留下来。后来在临行前一天，他拉着我聊了一整晚，他说，如果那个人现在跟他说，你不要走了，他就真的可以放弃这么久以来的所有努力。我相信晓东应该这辈子都不会再那般痴情，他自己现在也这样说。这份爱情后来一直在他的生命中缠绕，我也有幸见证着这一切。虽然有的时候，因为他的倾诉过于细腻而觉得不耐烦。他去美国那两三年，我们每次通电话，他都要把他们之间在这段时间里发生的一切倾诉一遍，从头到尾，仔仔细细，开心的，不开心的，甚至对话都一字不漏。有时候我在开车，就只好把手机免提放在仪表盘上，一打就是一个小时。我知道其实我并不需要做太多的回应，那些时候，他更需要的，只是一个懂得他的倾听者。尽管算不上一帆风顺，但他们的感情终于坚持到了晓东回国。那一年，我已经毕业，开始在为公司奔波，已经离开学校，住到北四环。那时候晓东在北京期间，都会借住在我家。于是我成为了除了他们俩之外，唯一见证那次“跨世纪电话大吵”的人。我和晓东并排坐在沙发上，举着电话的他，声音好像提到了最高分贝，已经有些颤抖，丧失理性的两个人骂爹骂娘骂到祖宗十八代，从客厅骂到洗手间。那次之后，两个人决定彻底分开。删掉手机号码，删掉QQ，能想到的对方的印记全部删掉。可是在未来的一年里，两个人却都毫无其他感情进展。而只有我知道，两个人都会常常装作不经意地问问我，对方的近况如何，我喜欢那个时刻，我从他们的脸上，总能找到一点点想要尽量隐藏的羞涩。我知道，故事一定还没有结束。经过一整年的冷战，他们后来在北京复合。我开玩笑说，别人的冷战都是几天，你们的冷战是一年，那你们要用几辈子在一起才成比例喽。果然，那次复合之后，他们就再没有离开彼此。

而如今，尽管晓东常常奔波于各个城市，但毕竟算是在北京定居，我几度三番更换的公司办公地，总是跟他在不同时期的住地能保持着两公里以内的距离。仿佛是上天看到我的所有少年好友都已不在身边，所以决不允许我们俩再分开。

跟以上几个在高中时结识的挚友不同，阳则是唯一一个从小学开始就一路相伴的。小学毕业那年的假期，我们几乎每天都混在一起，回想一下，当时的孩子实在有些枯燥，我们有的时候约在当年刚刚建好的文化广场，只是聊天散步，也不觉得无聊，有一次一边聊天一边从文化广场步行到几公里以外的重庆路，都没有觉得疲倦。文化广场每年夏天有图书节，就成了我们可以逛的聚点，没有图书节的时候，偶尔也会选择其他公园。有一次我们约了当时年轻的英语老师王冬梅一起到动植物园，却因为某一个人迟到而大吵一架不欢而散，把王老师弄得一脸尴尬。小学毕业后，我和阳虽然都上了同一所初中，却在不同班，直到初三那年，我实在被已经待了两年的“实验班”压得喘不过气，实验班就是所谓集中了好学生的班级，每次期中考和期末考，都会采取“淘汰制”刷掉一些成绩倒数的学生去其他班级，同时由其他班级的尖子生上来补位。在这样的残酷机制重压下，我在初二那年一次大病过后，成为了唯一一个从实验班主动“降档”的学生。主动降档，当然是所有班级我都可以选择，于是我选择了阳所在的1班，不管班风和成绩如何，至少有个熟识的人有个照应。后来，初三那年果然成为了我初中三年当中最快乐的时光，有些同学直到现在还会偶尔联络。高中后我们到了不同学校，大学后我们去了不同城市，彼此渐行渐远。可是每次假期见面，都会把酒言欢，在我的心里好像还是一切如初。无论他是不是发福，无论他身边的那个人是谁，无论他的母亲是不是依旧和从前一样与他相依为命。

跟前面写的那些花儿不同，“三哥”则是唯一一个在大学后才熟络起来的高中同学。“三哥”，本是晓东的“三哥”，是晓东除我们这个圈子以外的那个小圈子的兄弟排行。三哥跟晓东一样，是那个体育生圈子里的非体育生，甚至从身材上就一眼看得出来，三哥很胖，胖得很富态，很沉稳，他多数时候都是动作缓慢，几乎从未看他跑、跳，甚至在讲话的时候都很少抬起双臂，连表情都很少有“大动作”。三哥的大学是在澳门读的，大学期间大家至少每年会回到长春一次，或许是能找的人不多，常常晓东也不在，所以我就单独约着三哥出来聊天。开始的时候都是从晓东聊起，然后他就一直在听我讲我的故事和近况，三哥是个特别好的倾听者，他能感受到对方所有细节，捕捉到你心里的表情，然后给出喜悦会心的笑或者设身处地的同情。跟三哥熟络之后我甚至有些好奇，这样一个性格有些内向而敏感的人，是如何跟一群体育生彼此建立内心的联结的。记得其中有一年我回长春好几次，每次都会找三哥出来谈心，他开玩笑说，今年见你都要见吐了。可是后来我回长春的次数越来越少，他说如果按照每年见一次，恐怕这辈子也只能再见几十次而已，他说这话的时候我们默默地碰了一杯，谁都不敢继续这个话题。三哥结婚那年，我和晓东一起回去，婚礼的当天晚上我由于工作要返回北京，晚饭没有吃完我就要赶去机场，离席的时候三哥送我到电梯口，我们没有多说话，两个人却都有些难以言说的感伤。在近两年这些不常见面的日子里，我们微信的联络也很少，三哥在微信上也跟他平常一样，话很少，连朋友圈都很少更新。半年前他的女儿出生，是我们最近一次在微信上对话。我北京的朋友很多，但是不知道为什么，常常想找人聊天的时候，还是会特别想念三哥，想念他静静地看着我，很少讲话的样子。

晓东常开我玩笑说我交朋友就像买菜，买到的东西揣在兜里，就很少去管了，但其实他并不知道我一直很固执，固执地希望不管到什么时候，他们都不要从我的身边离开。我从来不会忘记我们年少时期望的那所海边的大房子，我期待哪怕是到了耄耋之年，依旧可以有机会实现我们在那一年许下的傻傻的心愿。

谢谢你们，每分每秒的青春

如果不是天生五音不全，长久以来，一直希望有一天可以把这首歌唱给团队听，尤其是风里雨里、不辞辛苦、不计得失，跟随我多年的那几位。

周华健在《忘忧草》专辑里的最后一首歌，李宗盛填词，唱给多年陪伴他的团队，叫做《你们》。他唱得娓娓道来，歌词里用最简单而动人的方式，讲述了他身边一路来最重要的那几个人，在生活中的点滴。如果把词中的几个人名改掉，把写那几个人的部分稍作改动，那么这首歌最适合唱给我的团队了。

“有天若有人问 / 这一行烟尘滚滚 / 成败不论 / 我给自己打几分 / 我会说我很努力 / 也祈祷好运气 / 而追根究底 / 十九岁离开华富村 / 就靠你们”。

而于我而言呢，22 岁离开中戏，同样，一路上若不是他们这些人，我的一切收获和每一个小小的成绩，也会变得难以企及。在结尾他唱“是你们 / 千真万确没有疑问 / 这风光虚荣才会有我应得的一份 / 谢谢你们 / 一分一秒的青春 / 只要歌还在唱着 / 我答应不会 / 让你觉得闷 / 我今天的承诺 / 用这首歌来作证”。每每听这首歌，是我最羡慕这两位大师传世才华的时候，因为这样一首歌，就像是团队核心唱给多年伙伴最好的情书。我太羡慕他们可以用这样的方式表达出来，让那些人听到，感受到。可作为一个不会写歌，甚至连唱歌都跑调的人，我不知道该如果才能让他们真切地感受到我对他们的爱和感恩。

在《李雷和韩梅梅》之前，我一直都是一个人在战斗，跑税务、签合同、入支票、租办公室、跑演出报批。《李雷和韩梅梅》之后，真正找到方向以后，就在我觉得需要有人帮我分担时，他们出现了。

谭昊是我现在的行政主管，2010 年认识的时候，他是伊扬的粉丝会会长，每天白天正常上班，晚上就自己出现在剧场，帮着伊扬和潇文夫妇跑前跑后，偶尔还能干一些帮忙出票、送票的活儿。从 5 月《昏了婚了》，一直跟到 11 月的《李雷和韩梅梅》。最初我还奇怪，这个每天都乐此不疲自己跑来帮忙的人是谁，直到潇文把他介绍给我。那时已经 26 岁的谭昊，每天穿得像个朴素的高中生，背一个很耐用的双肩背，有点像登山鞋的旅游鞋，夏天就是一件圆领 T 恤，冬天就是登山羽绒服。谭昊话很少，是人堆儿里比较容易没有存在感的那种，只跟剧场检票的中老年北京人特别爱聊。或许是小眼睛的缘故，多数时候我觉得他在微笑。当时我们演出的剧场在朝阳区文化馆，《昏了婚了》在三楼，《李雷和韩梅梅》在二楼，他一般到了剧场就是晚饭时间，大家准备迎接观众了，所以总是看他楼上楼下来回地跑。很多对别人来说繁琐的小事情，到了他那里，他总能想出小办法，而且特别不辞辛劳。后来有一段时间，大家叫他“万能的昊昊”。少螺丝钉可以找他，朋友问路找地铁可以找他，偶尔某一场卖得不好，需要“码”一些观众来填场，也可以找他，他不知道从哪里就能组织一百来号人在第二天来看戏。后来我们在剧场前厅卖水，就连上货进水，他都能找到附近最便宜的商家。任劳任怨、精打细算的谭昊，当时就已经体现出了做“内府管家”的潜质。后来 2011 年的春节过后，他就成了世纪华鹏第一个真正的员工，由于只有他一个人，所以当时并没什么分工可言，很多以前我自己做，但彼时已经无法再一个人完成的事情，全部可以交给他，跑演出报批、统筹票务、工商变更、对接会计事务所，以及所有你能想到的一个小公司需要解决的全部琐事。后来慢慢地有了第二个人、第三个人、第四个人，有了分工，谭昊就固定在他最擅长的行政岗位上，这一干，就一直干到现在。

同样在《昏了婚了》时期结识的，还有曲晶。

那时候曲晶刚刚从中戏制片班毕业不久，那时候她还是个苗条的姑娘，那时候她对于未来，也还并没有想好。但那时候的她跟现在一样很爱笑，跟现在一样害怕打雷的声音。

曲晶说，后来回想最初选择进入这个行业，她到现在仍然很庆幸能做自己喜欢的事。

2006 年她考入中央戏剧学院电影电视系制片管理专业，她说回想当年艺考前看了中戏的招生简章后，她和父母一致认为这个专业最适合她，因为她闲不住！毕业后，曲晶和大部分同系同学一样，进入影视剧组做影视制片工作。工资很高，每天很忙，但是行业氛围并没有让她感到开心和踏实。这也许就是 2010 年《昏了婚了》排练前夕我们接到陈稳师哥举荐的原因，当时陈稳师哥说介绍个人过来，就是很想在舞台剧剧组试试，干什么都无所谓，合不合适也没关系。一个制片班毕业的为什么非想要到舞台剧组试试，我当时还在为此而感到奇怪。当时剧组刚好缺人放音效，就这样，这个胆大心细、处事麻利的大连女孩，来到了我们身边。

前些天，一篇名为《24 小时待命的戏剧狂人——曲晶》的报道中，曲晶回忆起话剧《昏了婚了》，她说："那是一段难忘的时光，当时排练的地方在天通苑的最北边，我住在东直门，每天光是往返也有四个小时花在路上，排练时间是雷打不动的将近八个小时，问我累不累？当然累到不行，但是很开心，剧组的小伙伴每天排练结束后都不肯离开，好像有侃不完的大山。而第二天又满血复活继续工作。那是我第一次知道，原来工作还可以这样快乐。"《昏了婚了》之后，曲晶再也没有跟世纪华鹏分开过。"没有分开"，这轻描淡写的四个字，承载的不仅仅是工作，更是难以割舍的情谊和梦想。

六七年的时间，曲晶从最初一问三不知的懵懂丫头，到现在公司的金牌制作，对戏剧从陌生到挫折，再到精通，她和我、和谭昊、和郭旭一样，吃了不少苦头，也经受了不少身边人的质疑。对于投身戏剧这个吃苦不赚钱的行业的质疑，我最能理解不过了。2012 年下半年，是公司在《李雷和韩梅梅》之后所经历的第一个低谷时期，当时的公司很小、很脆弱，只要稍微出现资金链的断裂，便很难回血，以至于半年没有发出工资。起初，我在心里一直想，再等等，等稍微好转的时候，我一定会弥补，谁知这一等就是半年的时间。曲晶并没有来问我，更没有催我，在那个时候，虽然大家刚刚共事两年多，她就已经太了解我，以至于可以完全信任。可是尽管如此，一方面，我心里持续的不安并没有因此有一点消除，另一方面，她当时刚刚在一起的男友、现在的老公，也对她的工作稳定性产生了质疑。我们后来跟她的男友熟了，跟曲晶一起叫他“叔叔”，叔叔跟我们算是同龄人，理科生毕业的他在稳定的国企工作，后来他每天下班都来剧组等曲晶，顺便帮着剧组忙里忙外，渐渐的大家变得很熟，好像他也是半个世纪华鹏的人。可在当时，换了是谁，面对自己伴侣面临的情况，都一定会想，这样半年发不出工资的工作，为什么还要如此拼命地去做呢。每每回想那个时候，还是会感慨，是啊，我们就是这样一起扛过来的。

后来我才知道，在那以前，其实对于这份职业她也曾有过一次犹豫。在《李雷和韩梅梅》期间，家乡有一份稳定的工作在等她回去。她当时也难免陷入了彷徨：一边是对梦想的坚持，一边是对家庭的顾虑，再加上亲戚们给的压力，她有些动摇。好在，父母支持她：“人活一辈子，总得干点自己喜欢做的事儿，能有多大的成就另说，但至少得快乐！”后来《李雷和韩梅梅》去她的家乡大连巡演，曲晶说“有种荣归故里的感觉”，是的，带着自己坚持着的梦想踏上故土，已经是我们的青春时光留下的记忆中，发光的荣耀。

在去年的十月末，曲晶终于结婚了。之所以说“终于”，是因为她和叔叔在两年前就已经领证，当时曲晶的公公其实已经选了几个良辰吉日，但是叔叔还没问曲晶就说：“不行，曲晶太忙了。”的确，她太忙了，合作谈判帮我唱黑脸，剧组所有人的吃喝拉撒也都要管。所以直到去年，这场迟来两年的婚宴才终于提上日程。

在婚礼日的前一周，曲晶还在忙着我们的音乐剧《墨海》，“朋友和家人问我还缺什么？我说好像什么也没准备。”忙完演出，曲晶赶紧调用了公司舞台工作团队的伙伴们，用了两天时间，完成所有的场地布置，花艺、舞美、灯光、音响、流程拟定……多亏了她与团队一贯的高效风格，一切有条不紊。连熬了两天，大家并没有觉得累，好像要完成一场演出一样兴奋。这场“抽空”完成的婚礼最终非常完美，大家戏称“世纪华鹏婚庆部”正式挂牌成立。婚礼现场，她也不忘偶尔回个微信查看项目进展和合同情况，好朋友们哭笑不得，直呼“能不能专心结婚”！

婚礼那天我是证婚人，在台上面对他们双方的父母，我想说的很多，我想说谢谢你们一路来对我们的信任，你们的女儿跟着世纪华鹏很辛苦，我想说我一定会用我所有的努力，给他们每个人一个最好的未来。那是我第一次以证婚人的身份站在婚礼舞台上，也是第一次在舞台上热泪盈眶，这其中同样饱含着对叔叔的感激，对于一个生活被没日没夜连轴转和持续数月外地巡演所占据的人来说，这段感情是来之不易的。曲晶遇到了一个懂得她，理解她的爱人。

跟曲晶一样，郭旭作为一个同样跟随我年头很长的人，也在世纪华鹏期间收获了婚姻，但同样工作太忙，直到现在还没有办婚礼。

在 2013 年之前，1989 年出生的郭旭一直是世纪华鹏年龄最小的，也是最瘦弱的，但肩负的却是在体力上最累的职责。每当有人问我说：“你一看就是你们公司最瘦的吧？”因为有郭旭垫底，我可以很骄傲地摇摇头说“并不是”，还可以更骄傲地说，但这不影响我们很强大。

认识郭旭要比跟谭昊、曲晶稍晚一些。2011 年夏天，《李雷和韩梅梅》在北京演第三轮，当时我有个好友叫万屹，一天演出现场临时缺一个帮忙录像的人，万屹便叫了郭旭过来帮忙，后来郭旭说当时看到舞台上一幕幕追忆的青春，感慨哽咽，直到剧演完毕，估计是觉得感情宣泄对男孩子来说是挺丢人的，他慌忙地收拾东西离开了。

后来郭旭来帮的忙就越来越多，接着就很快参与《后青春期的诗》和《不思议的旅程》的音效和制作助理工作，由于踏实勤奋，学习能力又很强，很多事情交给他可以放心。2012年《后青春期的诗》保利巡演回来以后，他便算是以“舞台监督”身份真正成为了世纪华鹏的一员。从此，我就再没亲自盯过连夜装台。以前没有郭旭，舞美装卸车、剧场进景、连夜装台、演出彩排，我都要亲自盯现场，因为在技术上没有可以放心托付的人。后来随着郭旭通过一部又一部剧目的成长，所有跟技术相关的，我几乎已经完全不用操心，如果现在装台的时候我出现在后台，自己都会觉得自己很多余，这种“多余的感觉”很幸福。而回想曾经我们在《李雷和韩梅梅》保利院线巡演时一起熬通宵，一站又一站，我把所有经验和责任都一点点转交到他身上，如今，他已成长为非常成熟和出色的舞台监督和技术总监。这种感觉更加幸福。

了解郭旭的人都知道，在成为舞台监督之前，在读大学之前，他曾经是参演过多部影视剧、从小在剧组长大的“小童星”。他的童年可以这样总结：小学，拍戏；初中，边念书边拍戏；高中，偶尔拍戏。2010年我们刚认识的时候，《家有儿女》还在经常重播，尽管他只演了其中一集，还是常常有人在地铁上认出他。我们很好奇，在巡演途中还会找来他演主角的《当年的女人》《不能没有爸爸》《女生日记》等影视剧来看，看到什么情感爆发的夸张桥段，还会拿他来打趣。

郭旭从六七岁开始就已经进入影视剧组客串拍戏，从无台词到重要角色。这些过程也许是一部关于成长的史诗，但他觉得不需要赘述，无非就是一些努力，珍惜、抓住每一次机遇。虽然他后来说起时轻描淡写的，但每说一个词，他眼里都闪烁着有力的真诚。

在影视剧组长大的小孩，如同在一个小型社会里成长起来。独立能力是毋庸置疑的，所见所闻也比平常小孩多，以至于从照片中就可以看出，小时候的郭旭眼中就比平常小孩多了一份淡定。我们问他这算不算早熟？他说不知道，反正那会儿就喜欢拍戏，能清晰接收到导演想要的情绪，导演让他站那哭，他一下就哭了。平常等戏时也不闹，就跟剧组的工作人员一块儿帮忙，这对他来说是一种引以为傲的经历，他说要是现在把他丢到剧组去，他通通都能全部干完。他当时感受最深刻的是，幕后每一个职位都有着非常厉害的门道，彼此环环相扣，要缺了其中一环，这戏就没戏了。也许这一切，也和他后来成为一名优秀的舞台监督和技术统筹，有着密不可分的联系。

后来郭旭没有像多数从小演戏的孩子那样考表演系，然后继续演戏，他大学读了广告专业。大学生活对于郭旭来说是非常“职业化”的，他利用课余及长假时间，先是在 KFC 兼职工作长达七年之久，成为 KFC 在北京为数不多经理级别的兼职。当然七年工龄是包含他毕业工作后依旧持续兼职的年份，这是后话。除此之外，他精力无限，在 2008 年奥运期间做过志愿者领队；在人潮汹涌的景点做过品牌饮料促销员；曾进入朝九晚五的银行柜台实习；也曾一时兴起，考会计师证，却以一分之差失败告终；连旅行社也进去体验过一把……这种种工作，差点让人忘了他是广告专业。更令人咋舌的是，这些工作都是在校期间所从事的，他却是一门科都没挂。

所以有一点我们是一模一样的，天生闲不下来，天生“不安分”。

正因如此，他后来才能在如此奔波劳碌的舞台剧行业，一做就是五年。

从《李雷和韩梅梅》《后青春期的诗》，到《给未知恋人的爱情短信》《栀子花开》《金龙》，他先后参与了十多部舞台剧，从最初的项目制人员，到入职的幕后新手音响操控，最后成为能力担当的舞台监督、技术统筹。过程中，在 2012 年《李雷和韩梅梅》保利巡演时，他还结识了公司的服化统筹郭月，两个人的恋情迅速升温，并在 2014 年领证结婚，成为公司内部组成的小家庭。由于两个人相识于 Rainbow 戏剧（世纪华鹏在早期的戏剧品牌），我常常开玩笑说，以后生了孩子，应该叫“郭云博”，有个 Rainbow 的谐音来纪念。不过现在所有人最替他们着急的，是什么时候先把婚礼办了。

2013 年《给未知恋人的爱情短信》排练的时候，何炅老师来探班，居然把十一年前和他一起拍过戏的郭旭认出来了，两个人又拍了一张合影。照片里，何老师没变，郭旭却从一个小童星，成长为一名京城小有名气的舞台监督。兜兜转转，人生何处不相逢。

今年 28 岁的郭旭，在世纪华鹏贡献了最好的青春，而未来，我只希望我能为他，为他们，提供足够的发展空间，让他们未来的人生，拥有最好的自己。

2010 年的时候，除了谭昊，还有一位公司最早签约的设计师——化妆设计赵明一。明一在中戏的时候小我一届，是 2007 级舞台美术系化妆专业唯一的男生。学生会我们在同一个部门，我做宣传部副部长的时候他是组员，我做了部长，他做副部长，我毕业了，他就继续接替我的工作，学生会的四年，我们已经培养了足够的工作默契和信任。他也是现在公司中唯一一个从《阿姨》时期就参与到世纪华鹏剧目的人，一直到现在。尽管中间由于他萌生考研和出国的想法，有两年没有参与工作，但只要他想回来，公司就永远是他可以一路同行的伙伴。作为加入公司最早的一个真正的“艺术生”，明一也是性格最为耿直、最感性的人，每次聚会只要有他在，我就无须担心气氛冷场，尽管他偶尔开心得大呼小叫，我也不以为然。

除了谭昊、曲晶、赵明一、郭旭这几个早期就加入公司的“元老”，后来陆陆续续加入公司的伙伴，很多也都逐渐成为亲人。第一次见面聊天就差点聊到泪眼婆娑的财务经理立华姐、曾经是同班同学后来从纽大研究生毕业回国的胡寒、毕业于北大俄语系后来就职于太阳马戏团和万达的洪泓、因《给未知恋人的爱情短信》巡演结缘的直系师妹江丹，等等，他们每一个人加入时，我都激动不已，而他们也都不负众望，在公司的各个链条上撑起一片天。

也包括曾经陪伴世纪华鹏走过一程，但由于各种原因没能在一起继续前行的那些人，我一样衷心地感谢和怀念，我们曾患难与共的那些时光。

公司最近两年一直在做股权激励的计划，但却一直迟迟没有落实纸面，并不是我不想拿出股份给最重要的人们，而是很难抉择，很难取舍，很难平衡，更难写下具体的数字。因为他们曾经付出的青春，根本无法用数字衡量。

“谢谢你们，每分每秒的青春。”

如果你们不嫌太过难听，我还是希望，可以把这首萦绕在我脑海中太多次的歌，唱给你们。想象中，那时候的我很可能又会热泪盈眶了，不知道你们，会不会。

等我下一次回长春

到现在我还记得，2007 年 3 月的一天晚上，我和几个朋友一起，送完程程回到家，刚刚的嘈杂声随着水流从耳边洗去，剩下的是沉积在心里面的落寞。看着她胖胖的背影背着一个硕大沉重的背包，我第一次觉得也许她并不如我一直想象中那么坚强，她走远后才回过身来摆手，我已经看不清她的脸，更不想去看身边同来送她的人脸上的神情。所有人都懂得这个离别代表什么，首尔，一个地理距离也许并不太远，却毕竟在另外一个国度的地方，一个对一个女孩子来说全然陌生的城市，一种将再见面的时间推到两年以后的距离。本来以为真的可以让自己不难过，可是后来一个人在车上看到她发来的简讯，还是骤然间湿了眼眶。

程程是那种虽然很胖，却一点都不把外形放在心上的东北姑娘，幽默爽朗，热情直接，她讲的笑话通常可以戳中大家的笑点，她可以很陶醉地模仿很多歌手，也会一看到偶像“Jay Chou”就满脸心驰神往的表情，尽管她通常会故意叫周杰伦为“Jay 抽儿”。太多次她让我们前仰后合，所以我从未想过在有她参与的故事中会有如此伤感的一面。

我们的相识要追溯到 2005 年秋天，复读那年，每天中午我会一个人到师大的食堂，找师大的在校研究生上家教课，常常午饭也是一个人在师大的食堂吃，上完课还会在那里一个人学习好一阵子。和程程就是在那样一个日常的师大午后补习时意外结识，当时还有她的表弟，他们一起，很不认真读书的样子。但也许是师大的食堂阳光特别好，所以觉得这两个人一身暖意，他们嬉皮笑脸地上来打招呼，我一点都没有排斥，后来通过每天的接触，慢慢了解，热络起来，不仅下午会结伴在师大上课，偶尔放松的时候还会一起到网吧玩上几局劲乐团。后来将近一年的时间，融到彼此的生活里，她也从我这里开始了解和接受以前从未想过的价值观，或者说不仅仅是接受，甚至成了比我还虔诚的“传教者”了，她甚至可以因此和那些与她看法相左的人们拼命。她就是这样的人，任性、不拘小节，并且冲动得要命。但是大家相处的时光总是很快乐，或许是因为她总是有办法让人觉得很快乐。我一直都没设想过复读补习的那段日子，那几个月里如果一直都只有我一个人，苦苦地煎熬于等待专业考试到来的压抑中，而不曾有后来这样一个人的出现，日子会是怎样的。

第二年夏天，我终于拿到中戏的录取通知。我离开长春那天，他们都来送我，于是那些日日以师大食堂为地盘的日子又从脑海里恍恍惚惚地钻出来……我的隐形眼镜、我的虔诚的古文家教，还有她的那些形形色色的家教老师：被问有没有男友而被吓到面目狰狞的老师、大放厥词说可以买到高考题后来却失去踪影的老师、英文系里的稀有男生却痴狂于断背山的老师，还有……那个后来磨得破烂不堪的LEE牌黄色背包、现在看来已经很古老的YEPP MP3、被她摔碎后却还可以再拼起来的MOTO手机、师大食堂里的蒙牛酸奶、“随便”冰淇淋，当然还有我逼着她吃的全麦面包，如果我现在在她对面，看她吃到无法下咽的样子，我也许还是会大笑出来……当然还有我一直说她真是万幸没有从那冰面上掉下去的师大人工湖……后来我们常说要回师大去看看，回去吃袋泡面，可是没想到一拖再拖，就到了她离开中国的日子。

2007年临走前，她一直说，你不知道我有多舍不得，她说，别忘了百老汇，别忘了你的梦想，她说，你一定要成功，一定要幸福……我完全可以体味得出，那些信息，那些文字里面，是泪水的味道。可是关于理想，当时的我们，都格外模糊。

后来她有一次假期从韩国回来，我们在长春相聚，她说韩国的水果好贵，香蕉都是按根买，苹果买来只吃一半，留一半第二天再吃，她说起这些的时候还是用她独特得很有喜感的方式，像是在讲别人身上的笑话，可是我知道，她在那边过得并不好。她并不是学习能力很强的人，所以我一般不会主动问到学业如何，我怕触碰到她不愿意提及的话题，只会开玩笑地让她说几句韩文听听看。在长春的见面最多一年一次，只有在春节的时候我们才会回去，我习惯于老友相聚的时候总要喝些酒，她也每次都跟着我的节奏杯杯都干，好像喝得很开心的样子。直到后来有一次跟别人一起喝酒，她面露难色，我才知道其实她特别不能喝酒，也并不爱喝酒，我问她：那之前不是每次喝酒都很开心吗，她说“那不是看你想要喝吗”。那居然是我们认识很久很久以后，我才知道的事。

几年后她毕业回国，我们都已经开始工作，尽管程程学的是制片专业，按说应该不难找工作，但我从未听她讲在工作上的计划，好像还像是高中生一样，这件事并不在她的考虑范围。她也从未跟我说让我帮忙介绍或者引荐什么机会，我就更为她有些着急。有一次在北京，我的这种着急不自觉地表现出来，后来想想，也许是一种无意识的伤害。我当时很严厉地跟她讲：“应该要学好普通话，为什么在韩国好几年，东北口音还是这么重，你并不是没有能力，虽然也许学习成绩不算好，但是你很聪明，模仿能力也很强，小的时候可以什么都不在乎，我行我素，可现在是必须要考虑别人的看法了。”她当时没有说什么，只是当面敷衍答应，像之前那些年一样，她是不会反驳我的。临走时我还是觉得她并不明白我恨铁不成钢的心情，一直叮嘱她要多看电影，多去实践。我多希望她的未来可以一片坦途，多希望她能在以能力为王的社会里依旧保持爽朗的笑声，不会被人看不起。

后来程程回到长春，很长一段时间里，我还是没有听说她在工作上的消息。有一年春节回去，我希望跟她聊聊未来，希望她能做出改变。终于有一天，她不再像以前那样随约随到，我开始感觉到她或许是有些抵触我，开始找理由不再出来见面。这些猜测的印证，还是因为她的表姐畅，畅是程程身边我最常见到的人，之前经常聚在一起。果然，程程觉得我常常严厉地说她的不足，是心里已经看不起她，而还有一点是我始料未及的，畅说当时程程的家里让她去学制片专业，多多少少是受我的影响，也想着也许未来在工作上可以相互搀扶，但我一直都没有抛出橄榄枝。尽管在我心里，就算她的家里没有这样的打算，我也有这样的计划，但我希望她能努力成长，不至于让我的团队觉得我一定要塞一个并未达到大家心目中标准的人进来，我害怕大家觉得我过于感情用事。但这些话我都还没有来得及跟她说。

在之后的日子里，我回长春的次数越来越少，在我们最后的交流期间，还没有微信的流行，就这样，随着交流工具的革新，我们之间的了解也停在了从前，停在了那个彼此还有些尴尬没有化解的节点。

我想在这个世界上，有很多人，因为彼此的一个转身，就越走越远，在这个车流如织、匆匆行进的社会中，再也来不及回头。我常常还是会想起程程，想起她爽朗的笑声，想起喝醉以后的泪水，想起她在唱“Jay 抽儿”的《牛仔很忙》，也会猜想她对我失望的神情。

“等下一次回长春”，我对自己这样说，我一定要试着化解。不知不觉两年又过去了，有多少“对不起”“你过得好吗”就可以不再计较的误解，或许都是在等待中变得无期。我们常常听说这样的道理，却依旧无法改变，我依旧觉得必须要面对面的时候才最有力量，所以我依旧在等，“等下一次回长春”，这一次，我希望可以约在师大的食堂，午后的阳光可以透过落地窗洒在我们身上，让我觉得每个人都是一身暖意。

我和王闯，关于长大

闯的妈妈走了。我想他现在一定在祷告，我多希望此时能陪在他的身边，陪伴这位认识十余年的挚友，在他最苦难的时刻。

得知闯的妈妈已经最终陷入昏迷，医生通知家属准备后事，是在两个小时前，我已经赶不上最晚一班飞沈阳的航班，只能订了第二天一早的票。尽管也许帮不上什么忙，但希望对于闯，能够多少是一种陪伴。我在想象第二天见到闯的时候，他一定因为整晚祷告而一夜未眠，虽然难掩疲惫和悲伤，但他的眼神里会透露出坚强，他不会再是多年前和我抱头痛哭的小孩子了，我们都不是了。十余年，生活用各种方式的磨砺让我们成长成现在的样子，我们才终于可以以现在的样子，去面对更多曾经不敢想象的时刻。

早在大一入学军训的时候，闯就成为了我在学校的第一个朋友，甚至先于后来成为兄弟的同寝室那五位。我已经不记得当时第一句说的是什么，只记得我们是前后排，只记得他那时候一脸青涩，阳光质朴。也许是因为气质相投，我们总喜欢在解散的时候多说几句，聊聊各自的过去，聊聊彼此的见闻，聊聊未来的寝室室友。可是训练太多，多过要聊的话，以至于在上理论课的时候，还会偷偷传纸条。

闯是沈阳人，导演系表演专业，作为跟我一样的东北人，在当年普通话要比我好得多。回到学校以后，我们的寝室特别近，他常常来我们寝室串门，有一次我叫他晚上出去玩，才知道他来到北京以后还没去过夜店。他就是一直都这么本分和努力，后来在排练期末作业最紧张的时候，他曾经一个月没出过校门。在我的记忆中，他没逃过一次课，没缺过一次晨功，没挂过一次科，就连大三的时候他说要减肥，都是拼尽全力，每天饿到睡不着。

不管多努力，我们依旧是不成熟的孩子。大三那年，晓东来北京看我，那是晓东跟闯第一次见面，在锣鼓巷的一家小店，闯在为“失恋”而满腹忧愁眼含泪光，与其说是失恋，不如说是无果的暗恋。那是整个大学期间他情绪波动最大的一次，常常来我们的寝室哼唧耍赖，据说还有一次我不在的时候在地上打滚儿。就是这样一种现在想来哭笑不得的发泄方式，是我们年少时的独家记忆。

毕业那年，我们坐在操场的长椅上，在想如何能不被这所学校忘记，如何能把我们对这四年的眷恋留下，他说不如我们写一封信，留给下一个会住在自己床位的人。为了避免假期被宿管阿姨清理卫生的时候发现，我们可以把这信贴在桌子下面，这样只有真正下一个它的主人在生活中才有可能偶然发现。这简直是个让人拍案叫绝的提议。可是后来，我们都没有来得及写下那封信，好像每一个人在毕业的季节，都仓皇流离。我多希望他当年提议的是我们许下一个愿望，看看十年后有没有实现，就像后来我们的剧目《后青春期的诗》当中一样，那样我们甚至还可以把写着愿望的纸条放在“时光胶囊”里，埋进土壤，等十年后再来打开，看看十年前的愿望实现了没有。可是当年我们还没有《后青春期的诗》，我们只能望着宿舍楼的灯光一层层的骤然熄灭，却束手无策。

值得庆幸的是，在毕业后，闯还是延续了我们 236 寝室“第七人”的身份，跟我们寝室的几个人都租在了同一个小区，离我也只有一环的距离。我几乎每个戏都会找他来演，从《李雷和韩梅梅》到《后青春期的诗》，从《别折腾》到《不思议的旅程》。所以在毕业后的那两三年里，我们几乎每天都是白天在一个剧组，到了晚上，则不是凑到他和大学同寝同学卢毅合租的房子里，就是凑到我家里，边聊天边小酌。在临近演出的时候，我每天晚上回家都要打开电脑看看票房又卖了多少，然后我们会举杯欢庆，或者借酒浇愁。

那些年，闯和我一样，都没有迈出过国门，我们把此归结为对于学业和工作的过于投入。但是我们的生活并没有因此而逊色，大家一起遛狗，一起喝醉以后做过很多荒唐事，比如到了我家楼下，我说我要喝水，然后他在小卖部买水的时候我突然间狂奔离开，他回家敲门没有人应，于是又下楼满小区地找我，最终无果，又一次上楼敲门，还是无人应，只好半夜跑回到寝室去。后来才知道，他第一次来敲门的时候，我走错了楼层，正在楼下研究钥匙为什么开不开门，第二次来敲门，正如他所想，我已经酣然入睡。

年少时经历的荒唐越多，我们就好像越是有很多不可言喻的小小美好写在彼此的生命里。

我有个习惯，只要沾了一滴酒，即便只是掉个头都会叫代驾，这缘于那一次我和闯共同经历的，关于酒驾的惊魂之夜。2010 年毕业典礼前夕的一个星期五晚上，对于不看世界杯的我们来说，并没有什么特别，我们在北四环我家楼下吃完饭，准备到北五环他所在的小区，去找跟他住邻居的萨萨。由于都是正北方向，一条直路即可抵达。那条路我平常已经走过无数次，不管任何时间，从未遇到查酒驾的警察。晚饭的时候已经喝了几瓶啤酒，鬼使神差，我说这么近，不到十分钟就到了，一定不会有查酒驾的。那条平日里觉得笔直的路，在经过某一个红绿灯以后出现了小小的弯折，过了弯道，四条车道渐渐变成两条，行驶速度突然变得缓慢，我们看到前方警车在闪灯。头脑里来不及做出过多的想法，就已经接近检测的警察，闯在副驾已经紧张地问：“是在查酒驾吗？”也许是怕警察看到我们慌乱的神情，也许是心里过度惊恐到呆若木鸡，我只来得及默默地回了句“嗯”，闯便开始双手交叉握在胸前向主祈祷。然后没过两三辆车，警察就叫我吹测酒仪了。我看着数字瞬间跳到 180 多，仿佛自己的心跳一样，但表面还是尽量让自己佯装冷静的面不改色。“前面靠边停吧。”我从停车到给了驾照、简单问询，再到上了警车去派出所做笔录，过程仿佛只用了两分钟。我只来得及跟闯说“给萨萨打电话，只有他们最近”。其实我们都已经乱了阵脚，只是我故意克制，而闯却已经表现出兵荒马乱之态，以至于过马路的时候裤子被栅栏刮花。我坐着警车到了派出所，没有了刚刚的车水马龙，在一个安静而严肃的空间里，我好像已经没有任何盔甲了。脑海中飞快地翻涌，如果即将消失 15 天，家里的狗狗怎么办，要如何让王闯跟我的家人说消失的原因，比如出国？或者去外地巡演？同时，已经丢盔卸甲后的这个无助的年轻人，也在不经意间泪水涌出。在派出所做了简单笔录后，要去一个单独的房间，面对两位警察做最后的笔录了。其中一个警察问我说“什么职业”，我想了想还有几天毕业典礼，应该还可以说“学生”，我说出这个词以后，面前的两个人愣了两秒，旋即问道“在哪里上学”，“中央戏剧学院”，“有学生证吗”，由于匆忙，我身上除了一个钱包什么都没带，刚好学生证常年就放在钱包里。两名警察接过我的学生证以后，跟我说“在这等一下”，然后就转身出了房间，好像在商量什么。少顷他们回来冲我摆摆手说你出来，我又回到桌旁的椅子上，刚刚坐下，对面的警察大哥说：“你知不知道，如果现在因为酒驾被拘留，你这四年可能就白念了。”他说这话的时候满含温暖，我瞬间被感动到泪奔，边哭边点头，他接着说：“这样吧，看你态度也挺可怜的，你重新吹一下，轻点吹，吹个普通酒驾，只要不是醉酒的指标以上，就给你吊销驾照重考，至少不用拘留，不会留底。”我觉得自己遇到活菩萨了。后来警察可能看我状态有点萌，还跟我聊天说：“都演过什么戏啊？”我没好意思跟他说没看我学生证上写的是艺术管理系么，不是表演系，怕他听说原来我不演戏，万一改变主意了，就只好顺藤摸瓜，一边擦眼泪一边说“都是话剧”，警察大哥又语重心长地说："你说你要是哪天红了，被人发现有这案底，丢不丢人啊，以后注意啊！"我还是没敢告诉警察哥哥其实我不是演员红不了的，只能点点头。走出派出所的大门，看到还在等我的闯，还有萨萨刘露夫妇，我才终于在一夜惊魂以后，小心脏回到肚子里。闯那张写满了忐忑焦虑的脸上，泪痕还没干，便又落下两行热泪。后来他说，叫萨萨来的时候，萨萨问他"吹了么"？他说"吹了""驾照给了么""给了""那看来是没办法了"，对于已经绝望的大家，没人想到过居然有峰回路转的可能，而我，居然都没有来得及问那位警察大哥的名字。尽管多年后，不是演员的我并没有走红，他也或许早已不记得我，然而我永远都忘不掉那个晚上，他愿意那样宽容一个素不相识的毕业生。七天后的毕业典礼上，我戴着学士帽，很想跟他说声谢谢。为了不辜负他，我后来也真的再也没有喝酒后碰一下方向盘。而我和闯共同经历的那个世界杯决赛的夜晚，也成了后来每每聊起时都会绘声绘色地跟身边人讲上一番，而听的人也都觉得引人入胜的经历。"那时候我们多傻，那时候，我们多幸运。"

《李雷和韩梅梅》之后，2011 年我开始筹备《后青春期的诗》，男一号是个当红歌手。跟《李雷和韩梅梅》挑选"JIM"时一样，我并没有第一个想到就在身边的闯。我一直想找个会弹吉他的，或者至少唱歌功底很好的演员。也许是跟闯太熟，总觉得他怎么看怎么不像是个歌星。问了一大圈，合适的人档期不合适，档期可以的戏又不理想。最后我才跟闯说，要不你来试试戏吧。于是才有了后来闯对于剧中"陈国星"这个角色，将近 70 场演出的精彩演绎。从北京的首轮、二轮，到后来保利院线的时候，所有角色重排，只有他一直保留，再到回归北京的隆福剧场、东方剧院、保利剧院。最后一次演出《后青春期的诗》是在 2015 年，受邀去北京舞蹈学院剧场演出，闯已经通过《无心法师》《暗黑者 2》《花千骨 2015》等大热网剧积攒了些人气，台下观众很多都在喊他"俞老板"。

闯在走上影视道路之前，着实曾经历了一段时间的低谷。尽管《李雷和韩梅梅》和《后青春期的诗》曾为他带来些许成就感，但是在2013和2014年，他开始进入迷茫期。仅仅靠舞台剧有今天没明天的一些演出场次，是很难支撑在北京的生活开销的。那段时间，我们常常在夜里喝酒到很晚，就像曾经2009年《阿姨》的时候，我们一起愁苦地在快捷酒店地下室房间里讨论对策时一样，我们总是能见证彼此最艰难的时光。

直到有一天他拿着一家影视公司的合同来让我参谋，我说条件很好，而且本身有很强的制片能力的公司，不可多得。在闯进入那家公司后，果然赶上了网剧大行其道的时机，在通过一些当红IP网剧小试牛刀后，更在2016年凭借电视剧《老九门》里面的反一号陆建勋一角受到了更多关注。我常常说，你们都快点红吧，红了再回来演咱们的舞台剧，舞台剧就不会那么难了。

然而上天好像故意不想让任何一个人一帆风顺。

闯的家里条件并不好，父母很早就下岗，靠卖熟食维持生计，住在小小的租来的房子里。闯的性格依旧乐观而勇敢，我们一直以此为贵。他每次从沈阳回来，知道我喜欢吃猪耳，常常会带给我他妈妈做的一大袋子熟食，他说他们家的熟食在那条小巷子里面很有名。2016年《老九门》以后，闯的事业终于开始有了起色，我们都为他高兴。他的生活也终于开始有些改善，他说，他终于开始带着妈妈去旅行了，她一辈子都没有出过国。可命运弄人，在那之后没多久，闯妈妈就被检查出直肠癌，而且接近晚期。我常常想，我们在什么时间，遇到什么事，碰见什么人，是不是都有一双眼睛在主使？那双眼睛好像是知道闯开始有些积蓄，才触动下一个事件，否则连给妈妈看病的钱都会成为问题。但现在，闯的全部积蓄和能量，也都在这一次倾力而出。几个月的时间里，从手术到化疗，闯的所有可支配时间和精力都用来陪伴在妈妈身边。2017年初春节回来不久，听闯说阿姨的病情已经进入到最后的恶化期间，他想找国外的医疗机构再试试看。我说那要多少钱，他说大概三四百万，他也不知道钱要从哪里来，只希望多方问问，抱着一丝丝微薄的希望，寻找最后的可能。

闯妈妈的病危来得很突然，星期五入院，星期六还意识清醒，星期日就驾鹤西去。我很遗憾没能见到阿姨的最后一面，赶到沈阳去参加追悼会的时候，灵堂上，闯要比我想象中冷静得多。十一年，我们都长大了。我又想起《后青春期的诗》当中的最后一幕，几个主人公在天台上第一次喝啤酒的场景，或许长大，就是把曾经觉得无法下咽的东西，冷静泰然地喝下去。

行业篇

在极度艰难的舞台剧行业，无论以什么样的商业模式，能生存下来，就值得被尊重。

昨天是座陌生的城市

恢宏的城堡折射着炫目的诡异

时钟俘获了相册里的色彩

浮光掠影的记忆

被展览在临街的橱窗里

潜藏的光怪陆离肆意绽放

人们排着长长的队伍

来瞻仰这残留的僵直身躯

融资的前提是，你得能活

2012 年，做完《后青春期的诗》，我第一次被一家投资机构约去谈融资，面对一连串闻所未闻的金融术语，一脸懵。后来每一次回学校给师弟师妹上课，都会特别嘱咐，一定要多学多看，别光守着自己眼前的一亩三分地，努力耕耘当然毋庸置疑，但是我们这个专业最容易缺失的就是艺术和戏剧、影视以外的世界。

后来通过连续几年对于融资行业的接触和学习，通过不停地聊天、学习的过程，终于开始懂得一些皮毛。然而对于融资我始终信奉，如果没有想清楚自己哪里需要钱，是不是真的需要钱，拿到钱以后是不是真的能实现迅速壮大，就不要轻易引进投资。也就是说，首先要保证自己本身可以良性运转，已经具备最基础的商业模式，再去拿融资。融资是锦上添花，而不应该是雪中送炭，也不会有投资方愿意做雪中送炭的事。

所以直到我们在 2015 年确立了“文旅演艺”板块，在商业戏剧不可避免的市场风险情况下，可以通过文旅演艺的委托制作收入来保证公司的生存，才真正具备了引进融资的第一个前提，就是可持续的良性运转。而同时，由于明确未来战略需要通过开启“世纪华鹏原创内容孵化机制”来保证剧目的质量，从而降低风险，确实需要通过引进投资来实现更好更快的发展助力。基于此，在2016 年，我才开始有意识地接触投资机构。

而另一方面则是跟外部的“天时”相关。感谢开心麻花让所有人看到，戏剧起家的公司一样可以有很大的想象空间。尽管从早年开始，甚至到如今，有很多的业内人士认为开心麻花的剧目内容缺乏艺术价值，但以我这样一个坚持了多年戏剧行业的人来说，从心底对开心麻花是敬佩的。我从 2009 年坚持过来已经如此不易，更何况开心麻花这样从 2000 年左右市场上还没有商业戏剧的时候就开始在开拓并一直坚持到如今的机构呢，它的背后经历过多少探索和艰辛，可想而知。开心麻花有今天的成就，是它应得的。一次何炅老师跟我们聊天的时候回忆说，早年演开心麻花的剧目，在没有明星的场次，真的见识过观众还没有演员多的时候。多年的坚持，终于让开心麻花成为了今天的开心麻花。也让我们这几家为数不多的坚持了六七年以上的戏剧机构，仿佛也看到了未来的希望。

看似已经处在非常适合引进投资的时期，但是世纪华鹏那一次的融资之路并不顺利。

融资就像结婚，你能看得上的未必喜欢你，追求你的呢，你未必看得上，而在选择和犹豫的过程中，你很可能从一个被很多人追求的少女，不知不觉就等成了剩女。你会遇见很多人，也可能要错过一些人。跟我对于婚姻的看法一样，不能为了结婚而结婚，不能因为时间到了就委曲求全，将就了自己，那样的婚姻虽然开始的节点或许符合你的人生标准规划表，但往往很难维持长久。因此对于融资我也提倡不能彼此的选择过于贸然，不能将就，毕竟在未来的一段时间当中，双方会成为一家人，若是在前期都没有融洽的关系，以后进了家门，难免分歧会更多。而如果成了一家人却不能齐心协力，这个家怎么能幸福美满？如果投资方进入以后，不仅没有战略助力和彼此的信任，反而每天猜忌、怀疑、争权，一个企业如何能得以更好地发展?

所以当有一些投资方提出了我并不认同的想法和发展建议，我一般就会全身而退。比如曾经有一家互联网娱乐公司希望我下一步第一件事就是把过往的一部剧目马上拍成电影，因为当时开心麻花《夏洛特烦恼》电影的成功还持续燃烧了资本行业，使开心麻花的估值高达60亿。然而在当时，我并不觉得当下是对的时机。再比如，常常遇到有投资方希望我放弃商业戏剧，主攻文旅演艺，或者反之，只做商业戏剧。有一些机构并不能领会我们对于IP线下“商业戏剧+文旅演艺”的联动规划，他们也不会知道，形成现在的业务板块组合，是七八年的基因和际遇逐渐积累起来的，也是我们尝试过很多挫折后探索出的最适合良性发展的规划，而不应该在他刚刚了解我五分钟的时候，就将我们七年积淀形成的业务模型推翻，纵使有时候对方或许是非常顶尖的投资人。

那半年的时间，我接触过的投资方足足在30家以上，有的时候一天要见两三家，从开始的时候多少还有些小小的紧张，到后来恨不得闭着眼睛就能把那一套话说完，前史、现状、团队、战略、发展规划、估值、份额。感兴趣的很多，也有很多跟进到非常深度的环节，但是由于种种原因，在一门心思放在融资上的那半年，反而并没有顺利达成融资目标。可那依然是一个特别好的学习过程，除了可以更好地知道投资行业的需求，财务投资和战略投资到底想要什么，更多的，是在不同人提出的问题甚至是质疑当中，重新审视自己。跟很多人的谈判过程，都是一个自我梳理的过程。

例如，公司到底应不应该签约导演。从前，世纪华鹏作为制作公司，为了保证不同剧目的风格和题材多元，一直选择以不同类型的剧目去合作不同导演的方式。我一直认为，除非公司有同时签约多个导演的能力，如果只签约一名导演，那么不如没有签约导演，因为那样就会导致一个制作公司在创作风格上的单一，并且会过度依赖某一个创作者，导致跟导演工作室没有区别。我一直坚持，要以制作为核心，才能长久发展，如果依赖于某一个个人，那么公司的生产能力往往就会受限于一个人的寿命。这里面同时也带出了另一个问题，同样是我想做内容孵化机制的原因。在过去，公司制作什么样的剧目，往往是全部取决于我的个人喜好。而一个人的判断力是不可能永远正确的，所以我们必须逐渐建立一个机制，去除个人化，不再使内容的生杀大权掌握在某一个人或者几个人手中。但是在一次谈判中，对方是某龙头级别影视公司的负责人，他认为艺术创作的判断真理往往就应该掌握在少数人手中。

类似于这样的分歧和质疑还有很多，比如公司到底应该专注于生产某一个IP系列的产品，还是应该专注于某一个类型的产品。有一次一个投资公司高层在谈判中说："既然《李雷和韩梅梅》是过往最成功的作品，为什么不专业于专门开发它的续集和系列化？"对于他的概念我当然认同，在一个成熟IP基础上进行系列化开发，往往是最事半功倍并且降低风险的方式。但是"李雷和韩梅梅"并不是一个有永久生命力的IP，它只针对于某一代人，是这一代人在怀旧情怀下的产物。也由于只是针对某一代人，所以它不可以过于频繁地被消费，最多每五年或者每十年出一次续集，然而这样的频率是远达不到一个制作公司的产量需求的。所以并不是我们排斥对它的持续开发，而是在此同时，必须继续挖掘和生产出更多可持续的内容。因此我们认为更应该专注于某一个类型的产品，例如我们目前战略中的原创作品"泛青春化"。所谓"泛青春化"，就是以青春为基因，以年轻观众为主要受众群，除了曾经主打的怀旧青春、校园青春、都市青春，新加入古装青春、东方玄幻、残酷青春、青春喜剧、悬疑青春等作品类型矩阵。

如果像之前所说，融资就像结婚，那么接触投资方的过程，就像是在谈恋爱。那半年融资之路最终并不顺利，也跟在这场"恋爱"中遇到了"渣男"相关。当时在世纪华鹏被很多投资机构青睐时，有一家算是行业"巨头"的投资方，抛来了看起来非常诚恳的橄榄枝，让我倾注了最大的期待和心血，光是特地跑到上海会见对方的投委会以及副总裁、总裁就有好几次，前前后后其内部换了三次不同的分支对我们进行尽职的调查，我们也准备了无数资料。而在此过程当中，跟其他有意向的投资方洽谈时，心中难免有所侧重，别人也很敏感，多少能感觉到你已经心有所属，自然也不会继续纠缠。为了这家巨头，我们变相拒绝了很多其他机构。然而最终，经历了前前后后五六个月的时间，由于巨头机构的内部关系非常复杂，也由于完全从财务投资的角度出发，双方越相处就越不舒服，导致在耗费了大量心力、错失了最好时机、婉拒了很多其他投资方后，合作还是以失败告终。

虽然历经很多不顺，但我异常感谢在那半年过程中，自己的总结和梳理以及不停地反思。在下半年的时候，我们同时签约了两名导演、一名演员，原因是“戏影联动”战略已经迈出第一步。随着《夔龙玉》舞台剧 + 院线电影与爱奇艺影业的合作，世纪华鹏在影视化上的道路也正式启动。于是有个之前见过的投资方也是好朋友跟我说，他特别高兴，看到我们在经纪和影视上的动作，他希望再谈一下融资的事情，我说原来你之前没有确定意向就是因为这个吗，那你大可以直接跟我说啊。他说，有些事情，有些路，只有自己想通了才可以。

的确，那半年的时间，我想通了很多。经过了那半年的融资谈判中的不断梳理，当我们在年底再次重新把重心放回到公司的业务本身上，发现一切都变得顺遂了很多，我们找到了最适合自己，或许未来也是适合资本市场的发展方式。也让我知道，无论到什么时候，作为一家企业，你的业务本身、项目本身、内容本身，才是最重要的。所以当我们把重心重新放回到业务上，当好几个项目的发展前景利好，我们在文旅演艺的道路上也越走越顺，越来越多的文旅地产方主动找我们洽谈合作，这时，我们再面对一些主动找上门的投资机构，心态已经完全不同，平和泰然，不再急迫，反而在这个时候，我们发现了或许是最契合、最理想的对方。

那半年的所有不顺，那些像坐过山车一样的体验，都是最好的安排。只有遇到错的，才知道对的样子，所有魔鬼留下的伤痕，都是天使的指纹。后来，看到一些关于创业企业融资的文章，成功的以及大批量失败的案例都有，也接触到越来越多身边准备融资的朋友。尽管我并不是资本运作大师，但还是会虔诚地给出建议。

戒骄戒躁，认清自己，永远把业务放在首位，记得不断地去试炼和改进自己的商业模式，因为对于除了互联网以外的多数行业，扎扎实实脚踏实地实现盈利是最根本的基础。确保无论有没有资本介入，你都可以良性运转，只有这样，面对资本，你才可能是平和的。如果依旧把融资比作结婚，最重要的不是你去一味地追求，而是如何把自己变成更好的人，当你一直处在越来越好的路上，放心，总会有人爱你。

千万别当 IP 是万能良药

（原载于《新剧本》杂志）

近两年来，“IP”无疑成为文化产业最热门的词汇，更成为众多文化公司争相追捧的对象。“IP”的英文注解为“Intellectual Property”，即知识财产。众多由 IP 衍生的电影、电视剧、网络剧广泛流行，在电影中，“IP”大热的起源最明显的莫过于《小时代》系列，郭敬明及其作品在小说读者中的影响力，转化成数以亿计的票房，便是典型的“热门 IP”成功的案例。随后，《同桌的你》《何以笙箫默》《左耳》等一系列拥有很高流行度、庞大粉丝群的作品被改编，其中不仅有严谨 IP 定义的由文学作品改编的作品，更有社会热门词、流行歌曲这样的“IP”。而在舞台剧行业，也催生了一系列由热门 IP 衍生的作品，包括《盗墓笔记》《李雷和韩梅梅》《小时代》《栀子花开》《鬼吹灯》《仙剑奇侠传》《十万个冷笑话》等，其源头有文学作品、游戏、歌曲、漫画、社会热点等。IP 舞台剧像 IP 影视一样广受关注、看起来热闹非凡，但我却要为业内人士敲响警钟：“选择需谨慎，千万别当 IP 是万能良药。”

我是世纪华鹏及旗下戏剧品牌“Rainbow 戏剧”的创始人，近五年来我们曾制作的由大大小小 IP 衍生的舞台剧近十部，包括由小说改编的《给未知恋人的爱情短信》《后青春期的诗》、由漫画改编的《滚蛋吧肿瘤君》《偷星九月天》、由流行歌曲衍生的《栀子花开》、由社会热点词汇衍生的《李雷和韩梅梅》等，这其中多数作品均在业内引起广泛关注并进行了全国巡演。由蔡康永小说改编的《爱情短信》更在 2014 年入围“道略演艺论坛”公布的“年度大剧场话剧票房十强”，而 2015 年我们的两部新作与电影捆绑面市，舞台剧《栀子花开》《滚蛋吧肿瘤君》广受好评。任何事物，盛极而衰，所以我不是空穴来风地向自己最擅长的 IP 戏剧泼冷水，IP 大热之后的很多因素值得我们思考。

从某种角度来说，戏剧依托 IP 是可悲的事

有很多人认为“IP 热”是好事，认为舞台剧正向着观众喜闻乐见的题材转变，而不是一味地跟着创作者的脚步走。但我认为，IP 衍生舞台剧这种表面热闹的现象背后，其实是原创作品质量欠佳、吸引观众走进剧场的魅力不足的无奈之举。另外，一些 IP 在舞台剧开发过程中，不仅不能发挥原有价值，反而会助长舞台剧从业者不思原创、只图“拿来”的创作风气，这不仅是戏剧人的悲哀，也是戏剧行业的悲哀。在 2010 年做《李雷和韩梅梅》的时候，还没有现在的 IP 概念，但它确实是一个炙手可热的社会话题，当时选择它，是因为在创业初期如果一部舞台剧没有名导演、没有明星、没有噱头，想吸引观众走进剧场是一件很难的事，更谈不上口碑和票房。无奈之下，当“李雷和韩梅梅”出现在我的脑海时，我便紧紧抓住，这也成为了世纪华鹏的转折点。我非常感谢《李雷和韩梅梅》，成为创业初期的救命稻草，但也不可否认，尝到了“借他山之石”的甜头后，后面的作品会在我的潜意识中希望复制它的商业成功，于是出现了根据九把刀《那些年》的姊妹篇《后青春期的诗》（同样也是

五月天同名专辑）改编的同名话剧、根据蔡康永同名小说（同时也是转发数亿计的微博热点）改编的《给未知恋人的爱情短信》等。那几年，我在书店看小说的时间比看原创剧本的时间多得多，一味追求“拿来主义”会造成对原创的忽视。

我为什么从不做滞后于影视剧的 IP

影视剧是大众消费，而舞台剧是小众消费，如果是同一个 IP，已经被大众消费过，那么再转化为小众消费产品的成功率非常低。我认为原因很简单：第一，影视作品的影响力之大是舞台剧短期内很难超越的，也就是说，如果同 IP 的影视作品已经深入人心，那么后期再做舞台剧，很难在市场上产生大的“声量”，甚至容易被淹没；第二，即使有人注意到了舞台剧观众是相对高端的，他们会认为你跟风、炒冷饭；第三，人家花几十块钱可以看到同样的故事还有大明星，为什么还要再花一次几百块钱走进剧场？因此我们制作的所有 IP 衍生舞台剧，几乎都是原作或原题材基础上的首次视觉化呈现，即使是跟电影同步开发的《栀子花开》《滚蛋吧肿瘤君》，我们也坚持与电影分开独立创作，并在电影公映前进行舞台剧首演，这两部作品皆是如此。

IP 时代汹涌而来，选择需谨慎，判断力是根本

面对市场上的众多 IP，在舞台剧行业具备一定制作实力的机构或许都面临着 IP 的选择和诱惑，对于如何选择 IP，我有三个原则：第一，IP 本身必须具备较高的大众知名度或者拥有固定的粉丝受众，在后者的情况下，还必须考虑到

粉丝受众是否会是舞台剧的消费群，例如有的 IP 主要粉丝受众是初中生，或者主要集中在三线到四线城市，那么对于舞台剧来说就不是最适合的，我们制作的 IP 衍生剧目中就曾出现过前者的情况，导致最终收益不理想；第二，IP 是否适合以舞台剧的形式呈现，舞台剧作为现场演出，在表现形式上存在一定的局限性，有些故事或题材虽好，但未必适合呈现于舞台，另外有些特殊题材的 IP 如果希望在舞台演出时保持较高的还原度，很容易导致成本过高，在舞台剧的长期推广中出现弊端，例如百老汇音乐剧《蜘蛛侠》，的确在技术方面做到了很高的还原度，观赏度也极高，然而这部史上最昂贵的百老汇音乐剧，由于技术过于繁杂，导致特技演员坠落等事故频发，过于高昂的成本也导致其最终未能成为在百老汇经久不衰的剧目；第三，如果已经有成功改编的影视剧，被大众消费过并且形成了先入为主的印象，这样的 IP 再做舞台剧的开发也会颇有难度。在 IP 泛滥的年代，我们希望舞台剧行业可以擦亮眼睛，理智分析，而不是被市场冲昏了头脑或者一味跟风。

IP 戏剧易沦为为他人打工

随着众多 IP 衍生剧目在市场上备受关注，我也时常被很多有意做此类剧目的业内朋友问及合作模式的问题，我认为无论是票房分成、保底分成或是版权金加分成，任何一种形式对于舞台剧的收益来说，都会造成很大的压力。舞台剧作为一种本身就利润空间较低的商品，是否盈利往往就取决于票房的那一小部分，但是被 IP 方的分成占据一定份额之后，再刨除票务代理方分成、税费、成本等，即使在票房大卖的情况下，在前期能获得的利润也会非常有限，如果由于种种原因票房不理想，那么主办所承担的亏损风险要远远高于原创作品。然而无论舞台剧的出品方和制作方盈亏与否，实现了全线产品开发的 IP 方往往是名利双收，承受着巨大成本回收压力的永远是出品方和制作方。因此从这个角度出发，对于 IP 合作也一定要慎之又慎。

当满街都在聊 IP 的时候，就是该收手的时候

谈到日后的发展，我认为 IP 开始遍地开花的时候，舞台剧的受众作为对文艺作品要求最高的一部分观众，容易成为第一批对所谓的流行 IP 产生抵触情绪的群体。他们往往更加追求个性和内容，很容易认为扣了 IP 帽子的作品是没有艺术含金量的，从而造成 IP 衍生舞台剧不仅没有了吸引观众进入剧场的优势，而且适得其反。关于世纪华鹏日后的作品走向，我们对 IP 衍生剧目的选择将慎之又慎。未来几年，即使有非常优秀的 IP，我们也会将 IP 衍生剧的数量控制在不超过三部，同时将更多的侧重点转向自主开发的原创剧目上，争取做“创造 IP 的舞台剧”，而不仅仅是“IP 舞台剧”，把舞台剧回归到它本应该在的“众多艺术形式的上游位置”。

应该如何证明演出存在的价值

（原载于《舞蹈剧场》杂志）

“所以你们去年那几个剧目有赚钱吗？”康永哥问。

“没有。”我回答说。

“所以你看，你很爱舞台剧，可是舞台剧并不爱你。”他玩笑着说，“或许这个网剧做完，你就再也不想做舞台剧了。”

这是今年再一次去台北拜访蔡康永老师，洽谈“舞台剧 + 网剧”合作时，在我临走前的一番对话。

2009 年创立世纪华鹏到现在，关于为什么还要坚守舞台剧，坚守演出行业，是被最多人质疑的问题，同样在夜深人静的时候，我也会问我自己。

2010 年，一部怀旧青春题材舞台剧《李雷和韩梅梅》在 80 后、90 后人群中掀起了热潮，世纪华鹏旗下品牌“Rainbow 戏剧”和我，才真正在戏剧市场得到认知。

那一年我刚刚从中央戏剧学院艺术管理系毕业，中戏的人大多都会对舞台剧有情怀，我的情怀更深一些，我想把它变成自己一辈子的事业。有些舞台作品能在脑海里停留特别长时间，它的独特魅力是别的艺术形式无法取代的。我一直听不得别人说舞台剧不好，想把自己认为好的戏剧让大家看到，这是我最初的目的。

从 22 岁那年成为一名戏剧创业者，早期出品并制作两岸大型系列音乐剧《阿姨——她和她的空少们》《阿姨的新生恋习》；23 岁联合制作“2010 最内牛满面的情感喜剧”《昏了婚了》；独立出品并制作“西游盗梦手记”《初恋是个仙儿》；同期打造出具有转折意义的怀旧戏剧《李雷和韩梅梅》；后来跟蔡康永合作《给未知恋人的爱情短信》，拿下“道略演艺 2014 中国大剧场话剧票房十强”；再后来跟何炅合作的《栀子花开》、跟吴念真合作的《台北上午零时》，很多是在业内曾引起瞩目的作品。还包括《加菲猫》《滚蛋吧肿瘤君》《后青春期的诗》，等等。如果算上演唱会、音乐会、旅游驻场演出，以及一些联合制作的剧目，八年来，制作的项目逼近三十部。

作为一个年纪轻轻的创业者，这些成绩组成了还算光鲜的个人履历，加上合作过大咖的赞许和加持，足以让曾经想要报道我和世纪华鹏的媒体轻易找到太多他们想要的闪光点。

然而我一直说，自己其实是“非典型励志”。因为在所有看似励志的“成功点”背后，我曾经想过太多次放弃了，而且在那些时候，比任何人都要颓废和消极。所以我不希望因社会的需要而被塑造成“创业榜样”，因为其实一路上的我并不是真的那么义无反顾、大义凛然。戏剧这个行业太特殊了，我并不希望有人因为看到自己被包装的“励志故事”，而贸贸然就踏上这条路，以为只要“坚持坚持”就可以了。这个行业不是坚持坚持就可以的，不是登山攀岩，这个行业的存活率太低了。我常说如果自己有孩子，恐怕不会让他创业，尤其是“以舞台剧或者演出创业”。

2016 年，一直活跃的世纪华鹏在市场上并没有发出太多声音。这是蛰伏、思考、沉淀的一年。在很多资本的洽谈过程中，我不得不承认，舞台剧或者说现场演出的“天花板”太低了，它能够带来的经济价值，跟其他行业相比，的确是望尘莫及，并且想象空间也非常有限。即便是我们标榜为榜样的亚洲最大剧团——日本四季剧团，通过每年 3000 余场的演出，创造出十几亿人民币的年营业额，在我们看来已经是这个行业成功的巅峰，可是如果进行与其他行业的横向比较呢，任何一个行业的“亚洲最大”，都要比“十几亿人民币”的年营业额这个数字高出数十倍甚至数百倍。

我们的四季剧团老大哥让我们看到，即便是发达国家发展了几十年的演出机构，做到在十几个城市每天都有演出，但凭票房这种“限时、限量”的商品所能创造的经济价值，依旧非常有限。

而反观国内，最卖座的舞台剧机构是开心麻花和孟京辉工作室，在 2016 年舞台剧票房收入分别超过 1 亿。这两家都有着多年品牌积累、多年形成的拥趸观众积累的特征。通过自己的签约演员降低演出成本，净利润在 30% ~ 50% 之间。然而当开心麻花的《夏洛特烦恼》院线电影取得成功，相比之下舞台剧的收入却成为了开心麻花的一小部分而已。

以舞台剧起家的演出机构，必须找到新的方向。

2015 年，“千古情”系列旅游演出的年度票房超过 12 亿。不得不承认，旅游驻场演出以其多场次、可复制的特征成为了演出行业当中市场价值最高的产品。而刚好在 2015 年下半年，我们通过多年积累的技术优势和内容创作能力，成功为万达西双版纳主题乐园打造了冰上秀《蝴蝶公主》。文旅演艺，成为了世纪华鹏继商业戏剧之外的又一条重要产品线。

我在去年接受《北京商报》采访时，在《IP 意在打通产业链，不是赚快钱》文章中曾说：

“现在我们提起商业戏剧和旅游秀演多半把它们看作截然不同的两种，但我们希望作为国内屈指可数的同时具备商业戏剧和秀演制作能力的机构，要把结合的优势发挥到最大，未来要实现商业戏剧和旅游秀演两大板块的相互转化。国际上最大收益的演出 IP 是《狮子王》，恰恰就是一个打通了商业戏剧和秀演的作品。作为秀演，在主题乐园以片段形式演出，占领全世界的迪士尼乐园，同时作为商业戏剧在百老汇和伦敦西区吸引着大量的观众。

如果我们生产出一个 IP，它在演出行业一定要同时兼备商业戏剧和秀演内容上转化的可能，它会有更大变现能力，更大的延展空间，在技术、品牌、受众知名度上都能有所作为。”

的确，“商业戏剧 + 文旅演艺”是我们在 IP 线下开拓的路上将要迎来的 2.0 时代。

除了通过商业戏剧和文旅演艺相结合的方式冲破舞台剧的票房收入天花板，我们可以汲取的是百老汇的经验，也就是要将授权收入和衍生品收入提高。百老汇的经典剧目，通过全球版权授权，大大提升了整体商业价值。在国内，舞台剧的版权更多的是对于电影的转化，以新的名词来说，叫做“戏影联动”。

《夏洛特烦恼》《驴得水》《分手大师》《恶棍天使》《华丽上班族》等近年来的多部电影皆由舞台剧改编，让更多人看到舞台剧的内容价值，在网文、漫画等 IP 来源慢慢被掏空时，开始有更多的人把目光转向了对舞台剧的内容孵化能力的认可。

相比其他的 IP 孵化方式，舞台剧可以第一时间在现场看到观众最直观的反馈，并且可以通过一场一场演出过程中的打磨，披沙炼金。同时，由于是立体化的真人演出，相比网文、漫画，呈现方式与影视表现更为相近。

我曾有一度由于不希望别人认为我们在复制开心麻花的发展之路，而故意躲避作品影视化。经过了 2016 年一整年的挣扎，我渐渐明白，舞台剧的影视转化，正是可以证明舞台剧的内容价值的极好方式，我为什么要排斥呢。

于是在 2016 年底，我们自主孵化的古风青春作品《夔龙玉》与爱奇艺影业签署了关于“舞台剧 + 院线电影”的“戏影联动”合作合约。从此，世纪华鹏在“舞台剧 + 电影”“舞台剧 + 网剧”“舞台剧 + 网文”等不同层面的联动合作打开了崭新天地。

2017 年年初的世纪华鹏“大有可为”战略发布会上，除了“商业戏剧 + 文旅演艺 + 影视”三大板块发展方向的确立，还有两点重要信息：签约艺术家及演员，和“原创作品泛青春化”。

签约艺术家和演员，在从前的我看来，也是暂时排斥的。第一，我们是制作中心制作机构，希望通过不同项目与不同外部创作者合作来保证风格多元；第二，很少有演员甘愿永远只演舞台剧，如果我们在影视上没有推动力，对演员的演艺生涯是一种耽搁。直到 2016 年底，世纪华鹏达到可以签约多名艺术家并且保证产量的能力，保证了希望风格多元的初衷，同时，由于很多“戏影联动”项目的顺利推进，我们可以给到签约演员更大的发展空间。直到此时，我们才有信心在创立第八年的时候，正式启动经纪板块。

而关于原创作品的“泛青春化”，一样经历了几度沿革。从创立之初在作品类型上的四处碰壁，音乐剧、穿越喜剧的票房惨败，让我们看到在当时的戏剧市场上已经存在很明确的市场细分，例如以开心麻花为代表的喜剧类型，以孟京辉为代表的先锋类型，以北京人艺为代表的经典类型，等等，在这样的市场上如果希望有自己的立足之地，必须找到属于自己的细分市场，也就是“作品标签”，或者说，你和别人有什么不一样。后来通过《李雷和韩梅梅》的成功让我们看到，想要打动观众，首先要打动自己，于是作为 85 后制作机构，“青春类型”成为了我们在当年确立的主攻市场细分。继《李雷和韩梅梅》后，《后青春期的诗》《给未知恋人的爱情短信》《栀子花开》等作品都在从不同的角度表现青春中的成长。无论是《李雷和韩梅梅》的主题“只要还有梦想，从什么时候开始都不晚”，还是《爱情短信》的主题“不要辜负对爱的学习”，抑或是《后青春期的诗》当中所呐喊的“不要成为自己不想成为的那种人”。我们从不同切面和切口，直达年轻观众对于青春的感怀。但在 2012 年以后，国内的电影市场开始出现了一大批青春电影，良莠不齐，蜂拥而至。让很多观众对于“青春片”出现失望。因此我们在 2015 年之后做出了定位上的调整：学习湖南卫视，真正要做的是“以青春为基因，以年轻人为主要受众目标”，但并不应该因此而框定某种类型。于是我们走出了之前“怀旧青春”“都市青春”的局限，加入“古装偶像”“残酷青春”“青春喜剧”“东方玄幻”等不同的以年轻人群为受众目标的作品类型，形成了我们现在的“泛青春”类型矩阵。

很多人知道，我们在戏剧板块除了“泛青春类”，还有一条“经典产品线”，主要包括《台北上午零时》《金龙》等。但经典类型主要以国外或港澳台版权引进为主，并不要求原创。原因是，经典类型非常难以做到作品的影视转化。可以进行影视转化的作品必须满足两点要求：第一，好内容好口碑；第二，题材风格大众化，可以被三四线城市观众接受。两个必备条件，缺一不可。市场上已经出现的一些戏剧转化电影的失败案例，往往就是只满足了其中的一点。因此，在“题材风格大众化”这一点上，除了喜剧，“泛青春类型”是最合适的，而经典类型则无法满足。这就是所谓的“原创作品泛青春化”的原因所在。也就是说，如果不是“泛青春类型”，我们则不会要求一定要原创，例如经典类，因为它并不具备影视转化的可能性。但这并不影响“经典类型”成为我们除了“青春类型”以外，另一条重要的产品线，原因在于，经典类型更加贴近传统戏剧的内容价值，或者厚重，或者文艺。商业戏剧的这两条产品线，可以满足不同观众的需求。

从在校期间以不同身份在业内的各个剧组实习，到如今已经在戏剧行业摸爬滚打整整十年，在这期间，见证了很多机构诞生，很多机构半途死去，真正能坚持到现在的寥寥无几。除了对理想的执著和坚持，能够生存到现在并且活跃的制作机构，都找到了自己不同于他人的发展之道。“无论黑猫白猫，能捉到老鼠就是好猫”。在这样一个极度艰难的舞台剧行业，无论以什么样的商业模式，能生存下来，就值得被尊重。无论是有些人认为媚俗的喜剧，还是以“戏

剧 + 培训”支撑现金流，抑或是极力压缩成本并主要依托政府扶持的保守派，每一个坚持了很多年并且能依然活跃着的民营制作机构，都有着相对独特的、别人很难轻易复制的发展之道。

而“以舞台剧为内容和人才核心，以文旅演艺和影视转化为变现方式”，则是世纪华鹏经过八年累积、摸索，无数次成功和失败以后，形成的最适合自己的发展战略。在这当中，过往的每一个经历，每一个脚步都成为不可或缺的一部分。

“证明舞台是有价值的。”这是世纪华鹏一直以来的企业愿景，这其中包括观赏价值，也包括商业价值。无论何时，通过何种方式进行多链条、矩阵式的发展，我相信我们永远都不会背弃这一信条。只是，市场教会我们，想要证明一件事情的价值，必须懂得变通的道理。就像一粒葡萄，这个人群说它酸而觉得它一文不值，但或许在另一个人群那里却发现它的甘甜而口口相传、发扬光大。有什么关系呢？只要它还是那颗葡萄，它就找到了证明自己价值的方式。

吉时已到，大有可为

——“世纪华鹏 2017 战略发布会”演讲文稿

欢迎大家来到世纪华鹏 2017“吉时已到 大有可为”战略发布会，我是世纪华鹏的创始人汪鹏飞。

其实今天作为主讲人还是有些紧张，原因有三个：第一，上一次用这样的方式和大家交流还是三年前世纪华鹏五周年庆典，三年过去，世纪华鹏经历了很多成长，而我在主持这条路上还是没有成长。第二，今天有很多业内的前辈、老师，我就不一一介绍了，因为每个人对我都很重要。第三，最重要的一点是刚才有人说我在 2016 年好像变得憔悴了些，有句话说，“每天叫醒你的，不应该是闹钟，而应该是梦想”，然而当你有一个大过一切的梦想时，它不光能叫醒你，还可以让你根本睡不着！创业八年，失眠八年，我和团队心怀梦想，探索、积累、沉淀、前行，今天也很感谢大家，能够跟大家一起共同见证世纪华鹏的战略转型以及即将发布的项目。

2009—2016 年，过去的八年里面，我们曾经历过一些小小的辉煌，也在不断地探索和试错中成长，我们在内容主业——舞台剧行业走得越来越意气风发，越来越自信，回头看时，来时路的每一步都留下了清晰的脚印：从《李雷和韩梅梅》到《爱情短信》，从《栀子花开》到《台北上午零时》，从我们“以青春为基因”的戏剧类型被观众熟知，到儿童剧的探索，再到开拓出经典戏剧类型产品线。24部剧目，519场演出，连续五年保利院线巡演，走过48个城市，累计剧目巡演里程18万2495公里，以最近流行的话说，我们绕地球有四圈多。其中也获得了很多人的认可，包括从中国2014年度大剧场话剧票房十强，到互联网牛耳奖内容贡献奖，从国际戏剧学院奖优秀剧目，到上海国际艺术节最具投资潜力奖，再到2015年“道略演艺”四项榜单入围十强。2009年，世纪华鹏在刚刚创立之初，我们就立下了“证明戏剧是有价值的”这个企业理念，八年来我们一直为此践行和努力，其中不仅仅包括内容价值，也包含商业价值。之前大家一直觉得做戏剧的人都是穷兮兮、苦哈哈的，但是我希望能够改变对戏剧人的改变，我不希望有人再对我说：“谢谢你对舞台剧艺术的付出而不需要回报。”所以从2015年开始，我们通过“戏剧+文旅演艺”“戏剧+影视”方式，打通不同产业链，将戏剧的内容价值最大化。

2015年，华鹏开始涉足文旅演艺行业，在西双版纳制作了冰上驻场秀《蝴蝶公主》，在今年，华鹏为近十部文旅演艺项目进行了概念开发，目前同步在制作中的包括广州功夫秀和哈尔滨水上声光电秀。为了让大家直观地感受我们的文旅演艺作品，我们来看一下《蝴蝶公主》的短片。最近也非常有幸在北京卫视张艺谋首次担任综艺导演的节目中，第一期就是在《蝴蝶公主》的现场所拍摄。

在秀演行业赢得认可，总结起来我们的优势在于“走心的内容创作能力”和“成熟的制作实力”，第一点是内容创作，弥补了很多传统的、常年服务于甲方的秀演公司在市场内容思维上的漏洞，我们一直在探索观众需要什么内容，需要什么核心概念，这也是我们刚刚进入旅游演艺行业的特色；第二点是对于大型秀演的高技术难度而言，我们在多年来选择核心技术人员不外聘，而是一直坚持培养自己的制作团队和技术团队。正是他们的成长和成熟，让世纪华鹏自信满满地不断迎来更多的可能性。而我们深知，舞台剧和秀演在技术和内容创作上是相互转化和补充的，所以当有很多人觉得，文旅演艺和戏剧完全是两个行业，这样是不是用力过于分散，而在我看来，恰恰由于我们成为国内屈指可数的在戏剧和文旅演艺两个行业都非常成熟的制作机构，所以我们在 IP 内容的线下运营和开发才有了更完整的产业链。我们知道《狮子王》的音乐剧是世界上最赚钱的文化项目，他的秘诀不仅仅在于常年演出的商业音乐剧，更在于它同时也是主题乐园的驻场秀演，所以他才会在收益上远远超过全球四大音乐剧。我们希望通过我们在戏剧和文旅演艺上的同步优势，使中国未来可以有一个，甚至很多 IP，在线下拥有可以比肩《狮子王》的长盛不衰的生命力。

戏剧 + 秀演，是我们在 IP 线下开发的路上，将要创造的 2.0 时代。

接下来要讲的，是跟在座大多数的影视行业朋友相关的一个新词“戏影联动”，这个方式过去几十年在国外非常常见，但在近两年，这个概念才在国内兴起，包括今天在座的我的同学的《驴得水》，以及《夏洛特烦恼》的成功，大家开始发现，舞台剧，是一个孵化和淬炼 IP 的沃土。越来越多的影视项目找我们合作，或者大家会问什么时候做影视的转化，我一开始内心是拒绝的，直到现在我觉得世纪华鹏迎来了天时地利人和的机会，不仅仅包括大的市场对戏剧作品的认可，以及我们在戏剧行业八年积累的成熟的戏剧制作能力和完善的流程，我们的团队也有了更多的能力和机会向其他领域进军。也感谢在座的各位多年来对我们的帮助，使我们积累了各类资源，并且使团队进入了成熟的阶段。

所以今天下半场的项目发布部分，多数都跟“戏影联动”相关，包括有幸和爱奇艺影业共同出品的原创古风巨制《夔龙玉》，与鑫悦传媒联合开发的《爱上一又二分之一》，与白熊阅读联合孵化的《歧路城》、青春喜剧《加州联盟》，等等。

如果说上面提到的“戏剧”“文旅演艺”“影视”是未来世纪华鹏战略上的“三驾马车”，那么内容的给予，则是我们从 2016 年起尝试的“世纪华鹏原创内容孵化机制”。

我们一直在想如何打破惯有的、野蛮的内容孵化机制，所以我们尝试每年有一个大的项目库，来源包括线上和线下，线上我们会和文学类平台、动漫类平台做联合孵化和征集，线下则包括我们自己的内容开发团队作品和各个高校征集的片段。在项目池里我们会做片段开发、工作坊，通过一轮轮的开发和筛选，保证 IP 在前期有更多的开发空间，保证在上演的时候有更好的质量。

今天我们将分为两大环节：第一环节，是关于项目的发布；第二环节，则是关于战略和结构方向和转型。

一、《夔龙玉》

首先，就进入到我们第一环节的第一个项目——世纪华鹏在 2016 年以原创内容孵化机制创造的第一个原生内容，古风巨制《夔龙玉》。世纪华鹏在之前的很多作品是以青春为主线，在类型细分的大市场环境下，世纪华鹏的青春戏剧类型也一直占据了重要的领地，而未来，我们会将“青春”“泛青春”化，成为世纪华鹏舞台剧链条中的重要类型之一。所谓泛青春，也就是以青春为基因，以年轻观众为主要受众，但在作品题材上不仅仅针对之前的“怀旧”“校园”等类型，也会包括“古装青春”“东方玄幻”“残酷青春”“青春喜剧”等，都将是未来开发的泛青春范畴，那么《夔龙玉》则是“古装青春”类的代表。

“夔龙”，在古代代表辅弼良臣，而“夔龙玉”则是我们新创的，在本故事

《夔龙玉》启动仪式

当中象征着君臣关系的信物。《夔龙玉》讲述了明朝的传奇锦衣卫指挥使袁彬和明代皇帝英宗的传奇人生和君臣情谊。二人一同被俘虏到瓦剌，患难与共，渐渐从君臣成为了生死至交，朱祁镇将随身佩戴的夔龙玉佩赠送给了不离不弃的袁彬。他们共同经历了被俘虏、被释放回朝、再次被囚禁，终于重回王位的过程。当朱祁镇真正成长成了杀伐决断的政治家，权力场上错综复杂的棋局却让他们渐行渐远，天各一方。多年后，另一番真相将通过夔龙玉被最终揭开。故事采用双男主架构，将成就“历史感”和“青春基因”的碰撞，通过金戈铁马、锦衣华服等场景和视觉元素开场新古风美学，给大家一个对古装电影的全新认识。《夔龙玉》将和爱奇艺影业合作，同时启动超级舞台剧和院线电影，而整个 IP 全链条中的其他形态作品也将陆续面世，包括文学、动漫、游戏，等等。那么现在就有请爱奇艺影业总裁——亚宁亚总。

亚宁：非常高兴参加发布会，首先对世纪华鹏和汪鹏飞表示祝贺，希望今天发布的项目都会进展顺利，最后取得成功。《夔龙玉》是爱奇艺影业和世纪华鹏首次合作，也是爱奇艺影业进行戏影联动的第一次尝试，爱奇艺作为最大的网络视频播放平台，正在建设以 IP 为核心的内容生态圈，同一个 IP 在不同形态的作品中的衍生，是爱奇艺的一个优势，我们的文学动漫可以拍成网剧、网大、电影，最后可以电商售卖，所以一个 IP 的全生命流程的链条在爱奇艺是通畅的，现在我们准备把网剧拍成电影，包括《灵魂摆渡》《美人为馅》。同时，像刚才鹏飞说的话剧衍生电影也有很多例子，包括刚才说的《驴得水》，我们也希望爱奇艺影业和世纪华鹏打造的《夔龙玉》也能取得很好的成绩。我说一下为什么选择和世纪华鹏和汪鹏飞合作，因为我的前同事蒋小涵，是世纪华鹏前面几部戏的女主演，她给我推荐说有一个有理想的年轻人，刚毕业的时候把父母给他的 30 万买车钱开了这间公司，几年下来公司已经成为戏剧界开发制作的一个翘楚企业，所以这样有梦想的年轻人是我们合作最好的伙伴。爱奇艺是一家新的电影公司，除了要向前辈学习，包括和冯小刚、华谊出品的《芳华》这样的电影，我们还希望和鹏飞这样的年轻人，有梦想、理想、才华、有执行力的人合作，《夔龙玉》就是这样的例子，希望它会成功，同时也希望今天来的嘉宾和媒体朋友能够帮助它一起成功。

汪鹏飞：感谢亚宁总裁，接下来，有请《夔龙玉》舞台剧的两位主创：青年导演武雨泽以及本剧编剧、中央戏剧学院电影电视系系主任武亚军教授。

武亚军：鹏飞找我做这个戏我很高兴，从毕业之后鹏飞很快能够把自己想做的戏实现，一个戏一个戏地叫得响，能遇到这么坚定的创作团队，如此有执行力的制作人特别重要。另外项目的题材我也比较感兴趣，我很喜欢古装作品，这个作品有很多优势，如何把古代题材和现代结合，鹏飞找到一个突破口，就是以青春情感去活化历史，用中国历史里的思考去丰富延伸我们的青春题材，从这一点上我们有很多讨论，确定了一个架构，一个线索，一个色调。我相信这个戏做完，对青春喜欢的，可以看到喜欢的情节和人物；对历史有愿意去研究的，会去探寻历史或者翻开其他作品，去看这段历史到底有什么奥秘。更重要的是，希望通过这部戏，引起大家对于舞台剧的更多关注，让我们用这种与网络或荧幕上以视觉和听觉综合的影像运用手法不同的方式，去诠释历史剧。

武雨泽：刚才看鹏飞的介绍，像是对我们毕业的七年做一个总结。我可以向大家保证这一定是世纪华鹏的诚意之作，从 2016 年上半年到现在半年多的时间，整个世纪华鹏的制作创作团队都付出了大量的心血在准备这部戏，也请来了中戏的老师做编剧，也会从国外请一些设计团队加入我们，我觉得这部戏可以用“打磨”来形容。我们把这部戏定义为历史青春剧，首先它有历史厚重感，同时也是充满青春正能量的戏，希望这部戏可以让观众觉得是：言之有物，喜闻乐见的一部戏。

汪鹏飞：感谢各位主创，希望《夔龙玉》能够在戏剧舞台和电影荧幕上获得成功，并走向更多的领域。

接下来请工作人员推上《夔龙玉》的字型 LOGO，同时请上合作方代表，和台上的主创一起，共同合影。【《夔龙玉》启动仪式】

二、《爱上一又二分之一》

汪鹏飞：下面介绍的是一个比较“轻松”的项目——《爱上一又二分之一》，大家看到这个名字可能会有些奇怪，这个项目定位是轻奇幻的都市喜剧，是我们和鑫悦传媒共同打造的，将会通过舞台剧和电影两个方式与大家见面。下面有请鑫悦传媒的总裁——金钟先生为大家介绍一下这个项目。

金钟：很多年前我说过，如果我要做一家公司一定会和鹏飞合作，他是一个做事非常努力、专注的人，也是中戏毕业生中创业的典范。世纪华鹏这么多年做出了很多非常优秀的作品，这次很荣幸和世纪华鹏合作，包括《夔龙玉》和《爱上一又二分之一》这两个项目，希望我们的合作，可以为世纪华鹏再创佳绩。

鑫悦传媒拥有行业内非常优秀、专业的团队，未来致力于电影行业，力求打造出非常高品质的作品。

《爱上一又二分之一》是我们第一部奇幻爱情喜剧，讲述的是人鬼笑不停的喜剧故事，这里有个亮点，会给大家呈现出与以往不同的天堂世界，主要想表达的是每个人都有很多面，我们应该在成长中学会与自己这些面相处、沟通、正视，也正是这些面才会呈现出一个人最完美的个性。

汪鹏飞：希望大家对《爱上一又二分之一》充满期待，我们也会用全部的精力和努力为大家呈现出高品质的舞台剧和电影。

三、《歧路城》

与《夔龙玉》不同,《歧路城》是一部架空历史题材的古装作品，也是我们首次尝试以线上征集的方式，与二次元文学平台－白熊阅读联合孵化、征集的征文活动一等奖作品。

《歧路城》讲述了一段世上多歧路，爱恨两难平的故事：侠客用一文钱买下流落街头的小乞丐性命，收为徒弟，把他训练成杀手，代自己去歧路城了结一段多年的积怨。侠客慢慢道出多年前的一幕幕往事。报仇之日，拨开了最后一重迷雾的时候，才知道原来一切都是造化弄人。这是一个关于“家国恨，兄弟情，红颜劫”的故事。

接下来让我们有请白熊阅读的创始人——郭笑驰女士，并且通过二次元的角度来介绍一下这个项目。

郭笑驰：由于我是上海戏剧学院戏剧文学系毕业的，上学的时候老师一直跟我们说，让我们跟经典共鸣，但是每一个经典的年纪可能都比我们大几十倍，所以我们一直在想，有哪些当代年轻人创作的东西，可以有机会被搬上舞台，以及2017年，年轻人和年轻用户们都在关注什么东西。《歧路城》这个作品像我们展示了一个很有意思的地方，那就是现在我们都在创作古风、唯美的故事，架空武侠题材，观众的不同便造就了不同年龄观众的不同想法和感受。

去年三月我们和世纪华鹏合作，历时三个月的时间征集到这部作品，并在白熊阅读上连载。我们发现年轻人喜欢什么，并设置了一个征集作品库，最早说要创作舞台剧的时候，作者们都不知道要如何写，在征集时有很多好玩的情况，我们认为年轻的写手可能会写很多搞笑、无厘头的东西，但事实上作者给出的都是非常有深度、厚重、情感积淀的东西。我们非常期待《歧路城》在舞台上的优秀表现。

汪鹏飞：除了舞台剧部分，《歧路城》还会同步进行全IP链条的开发，请大家和我们共同鉴证《歧路城》的成长。

四、《加州联盟》

接下来将要介绍的是我们首次尝试的爆笑类型的青春喜剧《加州联盟》，它将以跨国情景喜剧的方式与大家见面，下面有请合作方——好莱坞杰出华裔制片人、导演，南加州大学影视制作、娱乐产业管理双硕士，南加州华人电影协会创始人，曾在十余个国际影视项目中担任制片人、导演的甄理先生，为大家介绍一下这个项目。

甄理：我非常欣赏鹏飞的情怀，和对情怀的坚持，未来将会继续和鹏飞合作。鹏飞想要做很多东西，并且首先要争做第一个。以往情景喜剧都会在中国棚内拍摄，而这部情景喜剧我们会在中国拍摄70%，洛杉矶实景拍摄30%，力图展现不一样的美国和美国人眼中不一样的中国。

这部剧会展现很多中国人在美国的生活，主要亮点植根于中国喜剧文化基因并具有外国风貌的喜剧形式。我们四个男主角是生活在美国的中国人，他们的死党是两个会讲中文的美国人，他们会遇到来自世界不同的人。在洛杉矶这样的环境里会接触世界不同的文化，这也给我们创作带来了很多来源。

中国之前有很多成功的情景剧,《加州联盟》会和其他情景剧有不同的地方，将拥有更高的水准及质量。我们会邀请曾获美国艾美奖最佳导演的导演作为监制，会以美国的标准生产方式甚至高于这样的生产方式来做这部剧。

当然也有很多人会担心美国回来的导演会不会不接地气？我想说接地气不是说低俗，而是被大家广泛接受的文化和笑点。

当时鹏飞给我一夜的时间写剧本，他从七点陪我写到凌晨三点，就这样第一集剧本在台北诞生了，我们都是有梦想的人，也都是在这个路上会狠狠的逼自己一把的人。感谢大家今天来参加世纪华鹏 2017 战略发布会，非常希望和鹏飞继续合作下去，也祝愿项目顺利开展，可以获得大家的喜欢。

五、《昨日如今》

关于世纪华鹏舞台剧链条除了青春线之外，另外一条主线是经典戏剧类型。

从 2015 年世纪华鹏开始尝试经典类型，这一类舞台剧是我心里非常喜欢的剧目。可能这类是不具备市场化和影视转化能力的，但这一类舞台剧是我心里最厚重的一类舞台剧。所以从 2015 开始，世纪华鹏尝试制作了吴念真的《台北上午零时》中国大陆版和德国经典剧目《金龙》中国大陆版。

这部剧《昨日如今》是根据著名台湾戏剧改编，由世纪华鹏、出品人网、影行天下联合出品，也会有很多神秘老戏骨共同参与，希望大家对它保持期待。

六、蒋小涵工作室

汪鹏飞：让我们共同来邀请曾经的童星，现在的著名演员、主持人蒋小涵，这次她会以一个崭新的身份——世纪华鹏特邀制作人，来为大家打造更好的作品。

蒋小涵：我跟鹏飞的这次合作来自一个玩笑，当时《滚蛋吧肿瘤君》最后一站巡演，鹏飞作为制作人来出席活动，在化妆间聊天时，我说："我太喜欢舞台剧了，单纯表演已经不能满足我对舞台剧的热爱，这一刻我制作人上身，要培养自己成为舞台剧制作人，做出好的舞台剧作品在市场上干掉你。"过了一周，鹏飞说，咱们合作吧！鉴于这样的一个契机我们可以合作，真的非常荣幸、开心。

我和鹏飞结缘于七年前的舞台剧《李雷和韩梅梅》，七年也见证了鹏飞和世纪华鹏的成长。当时舞台剧《李雷和韩梅梅》首演的时候，他对我说能不能请亚宁主任来看戏，现在七年下来，鹏飞已经能和他的偶像亚宁共同合作了。

鹏飞的能力、实力、经验和业内的成绩不说，他身上难能可贵的一点是和任何人合作，都带着百分百的真诚，以及把一件事情做好的决心、勇气和毅力，这是非常可贵的一点。对于我来说，还有什么比拥有这样一个有能力、有才华、有抱负、有实力的合作伙伴、良师益友更幸运的事情呢？

我作为演员、主持人，在台前做了很多事情，积累了很多经验，但是作为制作人来说，我是一个彻头彻尾的新人，但是和鹏飞这么多年合作下来，相信鹏飞会毫无保留地与我分享，帮助我在制作人的道路上不断成长。

我在大学学的是电影专业，后来也在电影频道工作，和电影亲密接触了这么多年，电影方面还是有些资源和优势的，希望能在鹏飞的戏影联动上贡献小小的力量。

相信在这里的很多都是鹏飞的好朋友，鹏飞这一路走来确实积累了很多经验，也有了今天这样的战略合作发布会，在这里也共同祝愿鹏飞能够成为中国文娱领域的“乔布斯”。

汪鹏飞：之前很多人都认为小涵姐是童星、主持人，但这么多年我们合作下来，她对戏剧十分执著，那份执著我都是非常感动的，每次演出的时候，她都会抛开所有的邀约，相信对戏剧这么有热情的人，在戏剧行业和戏影联动上都会达到很好的目标，未来取得很好的成绩。

七、签约导演武雨泽

汪鹏飞：我们这一代有很多作品很多、颜值很高的导演，武雨泽便是其中一位这样优秀的导演，他不仅导演、编剧作品很多，同时还以演员的身份出演了很多作品，他主演的网剧《一起同过窗》获得了 2016 年豆瓣评分电视剧最高分，武雨泽在该剧中担任男一号得到众多好评。未来武雨泽会更多地以导演和编剧的身份，与戏影联动绑定在一起，以此作为共同目标，做出更好的成绩。

武雨泽：毕业之后一直做舞台剧导演的工作，戏剧是我一直不变的情怀，也是滋养我创作的源泉，但我对于电影、影视剧的导演工作仍是念念不忘，一直在寻找合适的机会进行创作。直到今年《夔龙玉》的项目，与鹏飞再次聚到一起进行创作。

2011 年，我的第一部导演作品《后青春期的诗》，就是在世纪华鹏的支持和帮助下做的，当时做这部戏我只有 4000 块钱，在学校黑匣子演，拿着光盘找到鹏飞，是鹏飞将这部剧从学校的黑匣子，带到了市场、保利院线，带到了全国很多城市，演出五十多场，我一直要感谢鹏飞帮我实现第一次戏剧导演梦。六年后，大家经历了很多事情，都有了很多成长，聚在一起聊人生、理想，在这个时间上，我们对未来、对事业发展的规划都是不谋而合的。希望与世纪华鹏《夔龙玉》的合作可以走得很长，同时也希望大家多多关注世纪华鹏。

汪鹏飞：确实之前也经历过很多前期的积淀，才会达成这次水到渠成的合作，包括这次发布会的很多项目都是如此，我们希望能够共同开发一些在戏影联动方面的项目。希望大家多多关注《一起同过窗》及导演武雨泽的作品。

八、签约导演佟蒙

与武雨泽一样，佟蒙之前也以不同的身份，例如导演、编剧、执行导演、演员的身份参加过世纪华鹏的剧目合作，她有一句话打动了我："戏剧之路，我就是要一条道走到黑。"

下面为大家简短地说一个关于佟蒙的故事：

刚刚大学毕业那年，佟蒙通过老师的推荐考取了北京市公安局，成为了一名警察，进入公安局后，需进行为期一年的封闭式训练，大部分时间都在培训基地，少有假期。有一次警队放假，佟蒙跑到剧院看同学执导的话剧，还没看到一半，她便哭得泣不成声，跑到卫生间，直到演出结束，她说自己非常非常羡慕身边的同学毕业后还能继续从事戏剧工作，真的很幸福，她害怕自己这辈子再也回不到舞台上。

同时我也希望世纪华鹏的团队能帮助佟蒙在戏剧导演之路上能走得更快。

佟蒙："戏剧之路，我就是要一条道走到黑，一条道走到黑，傻 X 也能放光辉。"这句话是戏里的台词，尤其当时我还没从公安体系离开，当时我在想，是要稳定的生活还是追求自己想走的路。因为和鹏飞的合作，让我决定铁饭碗有什么了不起，鹏飞能坚持，戏剧学院的同学能坚持，我也能，于是我扔掉了铁饭碗，当了四年的北漂，终于签约了。

汪鹏飞：之前一直在关注佟蒙的成长，她以不同的身份参与剧目合作的时候，我看到她身上有很多才能和潜质，当时我觉得世纪华鹏没有平台和能力帮助他们成长，现在我觉得可以。

佟蒙：在 2013 年的时候，你跟我聊过，如果我们想签你做导演和演员你愿意么，我当时特别兴奋，现在是 2016 年年底，世纪华鹏再次提出，我想真的是时候了。

汪鹏飞：今年很期待，佟蒙在签约之后会为大家带来她的第一部商业戏剧——《万白》，当时我看完《万白》后，心里非常难受，相信《万白》会戳中很多 80 后的回忆里最脆戳的地方，下面请佟蒙为大家介绍一下《万白》。

佟蒙：《万白》是我在大一的时候就做过构思的，甚至还做过实践小品，当时觉得不过瘾，一直就想把它作为成熟的话剧搬上舞台，时隔十年之久，非常感谢世纪华鹏能够帮我实现这个“小女生”的梦想。

《万白》这个故事是基于我身边发生在 90 年代初期的真实故事改编的，讲述一个小女孩父母离异，生长在单亲家庭中，因为父亲有精神疾病，母亲从小不让她与父亲联系，小女孩一直生活在缺失父爱的家庭里。也许是出于好奇或叛逆，小女孩背着妈妈，与父亲有长达十二年的书信往来，这样笔友的关系成为父女了解彼此的渠道，伴随了女孩完整青春期的成长。在这期间，小女孩很高兴在她 10 岁的时候，她知道自己有个同父异母的弟弟——万白，小女孩就此对弟弟有了若干种天马行空的幻想。

有很多单亲家庭的孩子，每天在父母的对抗、争吵、互相仇恨中长大。这个世界上有一种痛是很难治愈的，就是看着自己的父母慢慢地从亲人变成仇人，确实很残酷，他们被过早地拉入了不该有的糟糕体验中。希望借着这个戏可以为大家述说亲情的本能，那就是不论多远，不论有多少阻隔，哪怕是善意的阻隔，你都要知道在远方，有亲人会无条件地牵挂、思念着你。

汪鹏飞：谢谢佟蒙的介绍，我个人对《万白》的理念非常的期待，也希望世纪华鹏可以和佟蒙一起把这部剧目呈现给大家。

九、并购铁皮屋，升级华朋时代

我认为这是世纪华鹏第一次做的事情，如果说刚刚大家看到的商业戏剧、文旅演绎、影视转化和世纪华鹏现有的产品线，那么我们最近通过并购的方式，会增加国际经纪合作的产品线，有请铁皮屋文化的创始人，世纪华鹏的高级副总裁——李彦达先生。

李彦达：各位嘉宾下午好，我是铁皮屋文化创始人李彦达。刚才鹏飞说他有点紧张，我想了下自己上次面对这么多人发言，还是初中时作为学习雷锋的优秀代表。所以在世纪华鹏和铁皮屋文化就合并迅速达成一致的时候，我最开心的一点是，以后两个公司的颜值担当、形象代言人和发言人就都由鹏飞兼任了。

我 2013 年从美国回国创业时，很多朋友给予了非常多的帮助和意见，今天很荣幸也把大家邀请到了这里。当时经常听到的一句话就是，你一定要认识世纪华鹏的汪鹏飞，听听他的建议。所以我和鹏飞认识的这三年，是铁皮屋从无到有成长非常迅速的三年，鹏飞给予了非常多的帮助和意见；同时，这三年是世纪华鹏发展和转型的重要过程，铁皮屋也一直作为朋友给出自己的很多看法和支持。

汪鹏飞：铁皮屋是在业内非常知名的国际演艺机构，包括在舞蹈产业上，跟很多知名舞蹈艺术家也有过合作，例如沈伟、杨海龙，等等，一直与铁皮屋绑定在一起。

李彦达：铁皮屋文化多条业务线进入世纪华鹏，将世纪华鹏业务系统进一步扩充和延伸。铁皮屋文化将作为世纪华鹏的控股子公司运营，同时对世纪华鹏的业务线形成扩充、支持和延伸。

在演出经纪板块，除了原有的国内外演出经纪，也会负责世纪华鹏剧目的演出经纪、艺术院团和艺术家工作室的代理。

舞蹈是铁皮屋文化的最大特点，除了原有的舞蹈演出、制作和培训，将对世纪华鹏的文旅演艺业务方面，产生有力的支撑。

汪鹏飞：同时，演出经纪业务方面，基于铁皮屋团队的国际化背景，将协助世纪华鹏的国际版权引进和国际团队合作业务，不管是国外版权的引进还是自己的剧目走出去，希望铁皮屋能够更好地助力世纪华鹏；舞蹈艺术家这块儿，会补充世纪华鹏文旅演艺的舞蹈艺术家的资源和血液，国际合作也是剧目的走出去和引进来，以及版权合作都会通过铁皮屋来完成。

十、华朋文化——世纪华鹏转型仪式

接下来我们将要进行世纪华鹏的转型仪式，包括世纪华鹏、铁皮屋文化、艺术家合作体——蒋小涵、武雨泽、佟蒙在内的三大机构，从世纪华鹏正式转型到华朋文化。

【转型仪式】

今天，非常感谢所有到场的嘉宾以及媒体朋友们，也希望在未来一年有更多和大家合作的机会，再次感谢大家参加世纪华鹏 2017“吉时已到 大有可为”战略发布会，谢谢大家，再见。

朋友眼中的我

他被记者包围着，镁光灯照得他油光锃亮，礼节性的微笑控制得极为标准，眼神亮晶晶的，认真地听着每一个记者的提问。那一瞬间，我好像恍惚了，一晃神，好像是在2008年的逸夫剧场，他站在后台，眼睛也是这样亮晶晶的认真。

我是一束稀微的光

我要飞向远方

旅途太短了

因为，思念太长

我与他

李果果（青年编剧，毕业于中央戏剧学院戏剧文学系）

我问他怎么写，他说照实了写！那我就照实了说。

认识他那年，我刚 17 岁，今年我也奔 30 岁了。这些年，虽说不上朝夕相处，但也算见证了他一步步从一个留着半长头发，满眼是敏感与柔软的少年诗人，蜕变成如今干练沉稳的精英模样。我爱喝酒，爱和他喝酒，所以，就说说喝酒的事儿吧。

2006 年，刚入学，我和他在学校外的小酒馆里，喝了一宿十块钱一杯的长岛冰茶，杯子摞起来半米高，晃晃悠悠的，我俩也是。勾肩搭背地走出酒馆，他眯缝着眼睛，认真地对我说："咱们以后一定得干戏剧。"那一夜，他跟我说了很多话，我都没记住，唯独这一句，像玩笑似的记住了。

2008 年，小品大赛。他是舞台监督，我是参赛者。赛后庆功，我俩又坐一起喝了酒。我说做戏太累了，这半个月没把我折腾死。他一如既往地抿嘴笑了笑，这两年，我天天这样。我问他你累不累？他想了想，累，但是能坚持，也高兴。他仰头喝下酒杯里的酒，跟我说祝贺你，我赶忙喝了酒，说我敬你。

2010 年，毕业了。大家都张罗着“毕业再就业”的事儿。那会儿大部分人都把就业方向定在了戏剧上，他也一样。我“没出息”地去写了电视剧。再见面的时候，已经毕业大半年了，我拿着一集 3000 块钱的稿酬做枪手，而他正在着手做他第一部戏，车房都卖了。我去找他的时候，他在北边的一个排练厅里盯彩排，那是我第一次在家以外的地方见他穿拖鞋，灰头土脸的。我俩在排练厅外面的小饭馆吃了个饭，难得的没喝酒，他要回去接着盯彩排。那是我第一次请他吃饭，也是目前为止唯一的一次。

《阿姨》演出的最后一天，他问我要不要看，我说不要票就看。于是那天晚上我们又聚在一起喝了酒。他喝得有点高，絮絮叨叨跟我说了很多自己关于这个戏的不满意。我打马虎眼：差不多就得了，不就是一出戏吗？他突然好像酒醒了，瞪大了眼睛跟我说：这不是一出戏的事！我也在酒劲上：真把自己当艺术家了？！哪来这套艺术家的臭脾气！他愣了愣，迅速地倒了一杯酒，等酒满的间隙，他喃喃地说：这是我的梦想。多少年之后，我想让我的孩子、孙子知道，中国除了《雷雨》《茶馆》，还有现在的人做的戏。酒满了，他仰脖就喝掉了。我没说话，心里盘算着，我在写那些个电视剧的时候，脑子里都想什么了。因为那时候，我写的东西，还没有一个上过电视。

从那以后，我们就不经常见面了。他一部接一部地做戏剧，我一部又一部地写那些从来没播过的电视剧。慢慢的，身边很多之前做话剧的人，开始问我有没有门路去做电视剧。得知他还在做话剧，他们很惊讶：又累又不赚钱，还做话剧干什么！我答不上话，心里却明白，梦想两个字，没有几个人敢说出口了。

毕业后的第二年，为了稳定，我找了份工作。并不顺心，于是喝酒。我跟他在酒桌上痛斥那些无良领导，痛斥这个行业。他坐在一旁默默地陪我喝酒，直到我力竭，他才淡淡地问了一句：“你觉得值得吗？”我愣了，我好像从来没有想过值得不值得的问题，毕竟这份工作提供我衣食住行。他又说：“你浪费了你的大把时间，在这件你并不确定是否值得的事情上面，我觉得很愚蠢。”我的好胜心又起，顶嘴回去：“你又值得吗？卖车、卖房，累得跟狗一样，名利都没换来，你值得吗？”他看着我，笃定地说了一句：“值得。”我瞬间没了火气，喝光了瓶子里的酒，在回去的路上，大哭了一场。我觉得我浪费了我的大好时光。

那天以后，我辞了原来的工作，一时间无所事事，他说让我帮他写剧本，我没敢答应。真的是不敢，怕自己露怯。他也没强求，他知道我在想什么。

往后的日子没什么不一样，只是看到他的次数越来越少，交集也越来越少，我们偶尔碰面，像老朋友一样聊天，却不再问为什么。

后来的日子总算回到了正轨，我又开始写剧本了，而他一直在做话剧，而且越来越好。我们的交流没有变得更多，只是在新闻里看到他的次数越来越多。

2014 年，他的戏公演，他问我要不要看，我说不看。那天，我自己买了票去，正巧那天有采访，在检票处的门口。他被记者包围着，镁光灯照得他油光锃亮，礼节性的微笑控制得极为标准，眼神亮晶晶的，认真地听着每一个记者的提问。那一瞬间，我好像恍惚了，一晃神，好像是在 2008 年的逸夫剧场，他站在后台，眼睛也是这样亮晶晶的认真。看完戏，我发了条短信给他，大意是戏很好看，很成功。他迅速把电话打了过来，埋怨我为什么没跟他说，正说着，电话那头传来嘈嘈嚷嚷的声音，好像有什么事情让他赶紧去处理。他撂下一句：别走，一块儿吃饭。就匆匆挂了电话。我笑了，一切都没变，这真好。

再后来，就是现在了，我们的交流依旧很少，依旧一年只见一次面，依旧不定时的微信短聊，依旧是，原来的样子。矫情的话在人面前都不好说出口，所以在这里一次矫情个够吧：感谢这么多年的日子里，一直有你。愿你能携梦出发，欢愉长留眼底……

2017 年 4 月深夜

跟着汪总有肉吃

郭　祎（多年挚友，先后毕业于中央戏剧学院和旧金山艺术学院，现居洛杉矶从事电影）

作为一个中戏毕业多年的学生，我经常会对旁人讲，中戏的四年对我来说最大的两个收获，一是引领我做一个中戏人，另一个，是让我和汪鹏飞成了至交好友。

第一次见到他是十二年前，我们在一个考前辅导班。就像他前文所说的，我们是“干爹”众多的孩子之一。见到他之前就听说他很多的传闻，女孩子们说他长得帅，男孩子们说他长得像姑娘，干爹说他非常有才，还将他写的诗歌传阅给我们看。我印象最深刻的是他发布在博客的一首诗，最后一句是：“哥哥，天堂里没有车来车往。”作为一个非张国荣的粉丝，我看后竟然也热泪盈眶。终于见到传说中的汪鹏飞本人的那天，年仅高三还停留在少女梦幻中的我惊呆了，有一种看到漫画中的天才文艺青年走进现实的错愕和不可思议。（不过后来进入中戏读书，我才为我之前没见过世面的样子而感到深深的羞愧。）

也不知道是不是因为像我这样的广大无知少女纵容他的成长，汪鹏飞真的非常自恋。关于他的自恋，我可以很明确地告诉你——是天生的。他总是说他是从小时候的自卑到励志减肥，最后变得越来越自信。我觉得这一切都是扯淡的说法，他小时候的照片也能充分表现出他是个自我感觉良好的小朋友。晶亮的眼神中闪烁着他傲视群雄的英姿。大学时的他更不必说，每每走在他高挺的身影背后，我总有种错觉我是个烧火的丫鬟，小跑着追在少爷身后。在他的光环下，我都不自觉地趾高气扬了起来，有种狐假虎威的与有荣焉。当时的我并不知道，这种错觉导致了我大学时多年单身的下场。事后有男生告诉我，他们以为我对男生要求的标准至少要超过汪鹏飞，所以想也没想就退下了。对于此事，我一直怀恨在心，我现在的男朋友却对此心存感激。

汪鹏飞的这种自信导致的自恋，以至于他在之后做戏剧宣传时，首先宣传的是他自己。他的解释是:“大学时老师说不管戏剧还是电影，一定要做到制作人中心制。现在市场上所谓的导演中心制是不对的。所以我现在是以身作则。”他的以身作则不仅仅是把自己的美照贴在网上，更重要的是做我们心目中高品质的戏剧。无论是品质的保证还是形象的树立，他的确是做到了。现在市场上大家想起一部作品一般首先想到的是导演或者演员。只有 rainbow 戏剧的作品，汪鹏飞这个名字是支撑作品的名牌。如今，汪鹏飞所做的戏剧，已经被带到中戏戏剧管理课的课堂，供师弟师妹们分析和学习。

平心而论，汪鹏飞很帅，同时对人又很温柔体贴，这简直就是广大女性的福音。但这种福音却不是对我的。我们大学四年除了睡觉以外，一天十六小时在一起，一起上课一起校内活动一起校外实习。外人看起来默契十足，实则三天一小吵五天一大吵。没办法，看对方不顺眼的事情实在太多。在我眼中，他要面子、霸道，一切北方男人的优缺点在他身上表现得淋漓尽致，同时，还在我最不擅长的社交中游刃有余。

我们两个的吵架不是那种激烈地大喊，而是一言不合其中一个人就转身走掉。因为他太要面子，所以往往都是他转身走掉。有一次一顿饭开始，刚点好餐我俩就因为一点小事吵起来，汪鹏飞拎起包就走出饭店招手打车。我坐在饭店里面默默看他试图拦车，可是在王府井附近，哪里是说打车就打车的。透过玻璃窗，看到他几次招手未果，转身走出了我的视线。后来我才知道，他那天发现打车没有希望，只好坐公交车回了学校。这件事到现在想想都是非常好笑。依照汪鹏飞的性格，他是非常想留下一个潇洒坐上出租车扬尘而去的背影。可惜北京的交通情况没有提供这项装 X 的技术支持。

这种事情在大一之后就很少发生了，不是我们不再吵架，而是他有了一辆 N 手的现代汽车代步。我们都叫这辆车小黑。小黑的到来给汪鹏飞的大学生活填上了一抹鲜亮的色彩。帅气的外形配上一辆小黑，让他看起来像一个年轻有为的制作人。在校内活动中，他深得师姐们的赏识。在他手下的项目也都完成得非常出色，原本对他抱有怀疑态度的师哥们也都渐渐对他表示了认可。

不知道是不是天生要面子的后遗症，汪鹏飞也是一个非常要强的人。他从来不放弃争取每一个锻炼和展示自己的机会，同时他又强迫症一般地要求自己做得最好。我在这个水瓶男身上看到了摩羯座才有的工作狂和处女座经典的强迫症。在大学时，我们是好友，同时又存在着若有若无的竞争关系。如果一个机会，只有一个名额，那么基本上就是汪鹏飞的。只有一次，在我们两个共同的面试后我拿到了 offer——因为制作人明确要求只招女生。他这种走到哪儿都被人喜欢的性格真的是让我非常妒忌，长着一副学习不好的帅气脸孔，却年年拿国家奖学金。外表形象很难让人亲近，却在校内校外的朋友圈游刃有余。几次之后，我也慢慢认清了事实，老老实实跟着汪总肯定吃喝不愁。这样，我跟着他一起加入了学校的演艺经纪协会、学生会，以及参加各种演出活动。等到工作之后，我不禁有些小小地感激他。在他的带动下我慢慢走上一条努力工作工作再工作的不归路。

2009 年的大学三年级，是我们学生生涯的转折和事业的起步。我去国家大剧院实习，开始了真正的校外工作。他把小黑换成了崭新的皇冠，又成立了公司去做他的第一部音乐剧——《阿姨》。关于《阿姨》这部剧，几年后的报道比当时还要多。因为汪鹏飞在每次接受采访时，总要回忆他这段血与泪的经历。众所周知,《阿姨》赔得一塌糊涂。在学校中沸沸扬扬流传了好多关于汪鹏飞的流言，大家嘲笑他不自量力。我不知道他是怎么熬过那段时间的，无论是要强的他还是自恋的他，这种打击都是难以言喻的痛苦。之后的《李雷和韩梅梅》《爱情短信》《栀子花开》等一系列青春题材话剧成功的外表下，都夹杂着像当年《阿姨》时一样的质疑与坎坷。这些事情只有身边亲近的朋友知道。每次聚会时酒过三巡之后，就是鹏飞"吐真言"的环节。大家静静地听着他工作中的"血泪史"，只能以默默干杯来安慰。朋友的最大作用就是倾听。我们在默默地听，他在平静地说。在我们这些大学朋友中，有的在政府机关摸爬滚打，有的在院团机构兢兢业业，有的在公司的合约中签下了卖身契，但是我们都没有汪鹏飞辛苦，他的这种辛是顶在头上的压力，苦是自己创业的磨难。

现在我也像当年的他一样遵从着自己的梦想，从事业单位的体制逃脱，在美国的一家公司从事着我最热爱的电影工作。但是与大学时一样，优秀的汪鹏飞依然走在我们的最前面。随着一部部"汪鹏飞制作"话剧的诞生，他也在一轮轮接受新的洗礼。这其中，有同行的赞赏，观众的支持，也有新的困难和考验。如今，看到很多关于他的采访和报道，他甚至登上了纽约时代广场的大屏幕。在为他骄傲的同时，我还是总能想起我们在大学时，看到身边的朋友出现在百度百科时而感到的惊叹和羡慕。我们一起走过了无知的年纪，逍遥的时光，人生的起步和转折。只想说：鹏飞，前路漫漫，走累的时候回头看看我们这些老友，希望能够令你觉得温暖。

2017年4月5日于洛杉矶

我从没见过一个人，像他那么不舍得结束

老　罗（伦敦大学硕士，时尚从业者。现居北京，与汪鹏飞相识于2011年）

“鹏飞点菜，肯定管够。”在某次聚会上，一位朋友笑着说，“多得根本吃不完。”当时我们刚刚认识。从他的谈吐中，我分析他应该是那种恐惧冷场的“老好人”，那种在物质上、情感上会轻易“倾囊而出”的人。事实证明，的确如此。

那一年我刚从国外毕业，他则是已经创业好几年的青年企业家。第一次见面之前，我先去看了他的戏《后青春的诗》。那是我第一次看同龄人制作的戏，也是第一次接触戏剧圈的人，大家看起来都是那么年轻饱满，那么激情四射。唯独作为制作人的他，却顶着一张异常平静的脸，平静得甚至有点冷漠，仿佛只是被临时拉来看戏的观众。

后来，我们断断续续去看了他的各个作品，有小成本，也有大制作；有老经典，也有新思路。在剧场里，我经常会看到他顶着“制作人”光环时，那张熟悉的、平静得冷漠的脸。在剧场以外，褪掉其他身份，看到的往往是一脸疲倦。

那一两年，他做了很多尝试。见了很多人，写了很多字，砸了很多钱，许

了许多愿。在断断续续的酒叙之间，我们隐隐约约获得许多关于他工作与生活的最新消息。关于他如何掏心掏肺地打动一位知名作家，关于他如何避重就轻地和好朋友一起创作，关于他如何熬过每一个失眠的凌晨。

又有一段时间，他迷上了一档综艺节目，并且拒绝独自观看。于是，我与丈夫特地拉了一个三个人的群，每到周末就研究点什么外卖，到谁家里一起看电视。尽管那时他其实已经开始欠债，但生活潇洒依旧。往往节目播完，我们还要追加一部老电影，直至陷入惆怅。我从没见过一个人，像他那么不舍得结束。

作为朋友，我常常因为在微博上、新闻上看到他的新戏推广而感到自豪；与此同时，从事媒体行业的我因为太清楚他都在为什么买单，又隐隐替他感到焦虑。再后来，我与丈夫也开始创业，和许多初次创业的年轻人一样，一路坎坷。好多次，我都自私地把他当做“榜样”，对枕边人说：“我们这点挫折算什么，你看看人家鹏飞，也不知道一路是怎么走过来的。”创业的那段时光，我们生活在不同的城市，他却像一座里程碑一样，夜夜被我们拿来凝视。

偶尔他也到我们的城市出差小聚，恰恰赶上大家都时运不济，因此经常是一坐下就开始各自算账。他好几次打开手机记事本，一条条给我看他罗列的债务明细，然后笑着说：“明天一睁眼就得还那么多钱，你说我怎么办呢。”轻浮得好像只是在烦恼明天该穿哪套西装。当然，他绝不是一个轻浮的人。我甚至觉得，哪怕他生性带一点点轻浮，日子都轻松多了。

那一年年底，我们在北京又见了一面。当时他刚将办公室搬到一个租金比以前便宜的地方，但是又额外花了几十万重新装修。我们觉得没有必要，甚至莫名感到生气。过完年之后，一个共同的朋友告诉我们，过去的那个元旦，他要还一百万给银行。听完，我们除了沉默只能沉默。

这就是他的神奇之处。一年之内搬几次房子，又一年之内搬几次办公室。当你和他成为朋友，便自然而然地产生一种错觉，再多的债都不是事，再难的关都不是劫。

他非常瘦，体重与他承受的工作压力成反比。后来我看到一部电影《The Walk》，那个在纽约世贸大厦之间穿高领毛衣走钢索的法国人，形态和鹏飞有那么一点相像。再仔细一想，鹏飞不也是一个走在钢索上的人吗？“你为什么要坚持做这件事？”试想把这个问题同时抛给他们，得到的答案应该是一样的。

不久前的一次饭聚，得知他的债务几乎要还完了，我们为此特意严肃而由衷地碰了杯。当时我说：“你欠债几百万其实是一件好事，你必须能欠几百万，才可能赚几百万。”他自然对我这番“谬论”表示反对，但平心而论，我从未怀疑他就是拥有这种能力的人。

饭后，必然是要喝酒。这么些年过去，鹏飞已经成为让朋友们“闻风丧胆”的人物。他总是打着“夺回青春”的旗号，拉着我们一杯接一杯，甚至会在喊完“干杯”之后，把每个人手里的杯子都检查一遍。在他得意的时候、失意的时候，好多次我们总是一大帮人陪着他“夺回青春”。有些人期待尽快老去，有些人但求活在当初。

那天晚上，我们都喝得差不多了。还是当年看综艺节目的三人组合，还是一坐下就各自算账。不约而同地，三个人的生活又都各自迎来了新的开始。我问他，在你最糟糕的时候，为什么都不曾想过放弃？他说：“我坚持了这么久，放弃就太可惜了。”听完他的回答，其实我还有一个一直未敢开口的问题。

“你就不曾怀疑，自己的坚持是错的？”

最终我还是没问。这世界上，有些问题注定没有答案，有些答案本来无足轻重。最后我提议，我们都给明年的自己定一个小目标。然后，他郑重地把这三条愿望记录在朋友圈里，仅我们三人可见。

我当时写下的目标是明年出第一本书。第二天早上，宿醉中的他发来微信，邀请我为他的创业自传写一篇文章，就是现在你所看到的这篇。我当时就想，如果你有一个朋友，总是奋不顾身地追求自己梦想的同时，还温柔地希望帮你完成你的梦想，这是多么幸福。